民衆こそ王者

池田大作とその時代

15

先駆者たち——イギリス・イタリア篇

潮出版社

民衆こそ王者　池田大作とその時代⑮　「先駆者たち——イギリス・イタリア」篇　目次

装丁／金田一亜弥
高畠なつみ
カバー写真／「チャオ（こんにちは）、センセイ！」。
池田を見つけ駆け寄ってきた
子どもたちと記念の写真に納まる
（一九九二年六月、
イタリア・フィレンツェ）
©聖教新聞社

民衆こそ王者

池田大作とその時代⑮

「先駆者たち——イギリス・イタリア」篇

第1章　リーダー像の革命——イギリス⑥

イギリスの歴史学者アーノルド・Ｊ・トインビーと会うため、欧州に出発する朝のこと。

車中の池田大作は、信濃町で人影《ひとかげ》を見つけると、とっさに窓を開け、「行ってきます！」と気さくに声をかけた。相手は当時、池田の近所に住んでいたリチャード・コーストンである。

池田の人間的な振る舞いに惹《ひ》かれたリチャードは、後に、イギリスＳＧＩ（創価学会インタナショナル）の初代理事長になり、トインビー対談をもとに、多くの若者たちを育てていくことになる。

ＢＢＣ（英国放送協会）のキャスターが二人の女性に尋《たず》ねた。「六〇〇〇人もの青年が、イギリスの三つの都市に集まるというのは、決して小さなことではありませんよね。どのような集いになりますか？」。

スタジオで答えているのはイギリスＳＧＩ（創価学会インタナショナル）の女子部メンバーである。

サンヤ・ラジパールは「不安や憂鬱《ゆううつ》、病気やいじめ、そういったものを乗り越えた体験談や文化的なパフォーマンスです。たとえばダンスや音楽、言葉の表現を通して、同じ思いに立つ若者の力《ちから》で一緒に社会をつくっていこう――ここに焦点を当てています」と答えた。

「インタラクティブ（双方向《そうほうこう》的）ということですね。宗教的な視点の重要性については？」と問われ、ジョージー・パークハウスは「宗教的な視点が核心なのです。私たちの仏法では個人の尊厳《そんげん》を重《おも》んじます。集いの目的は、参加者にも同じように感じていただき、人生を自分らし

イギリスＳＧＩの「青年フェスティバル」で熱唱するメンバー（2018年3月、ブリストル）。ロンドン、マンチェスターを含むイギリス３都市に6000人を超える学会員らが集った ©Seikyo Shimbun

く変革することです」と応じた。

「〝一対一の対話〟で広げているのです」

二〇一八年（平成三十年）の三月十六日、国際ニュースチャンネル「ＢＢＣワールドニュース」がイギリスＳＧＩを特集した。

六十年前のこの日——池田大作をはじめとする六〇〇〇人の青年が、恩師《おんし》である戸田城聖《じょうせい》（創価学会第二代会長）のもとに集まった（一九五八年）。

それからちょうど六十年後の三月、イギリスＳＧＩはロンドン、ブリストル、マンチェスターの各都市で盛大なフェスティバルを開いた。友人も含めると、六十年前と同じ「六〇〇〇人」を超《こ》える若者が集った。ＢＢＣはこの運動に着目し、番組で取り上げたのである。

キャスター　（平和の実現について）かなりの難題《なんだい》ですね？

パークハウス　たしかに難題ですが、私たちは結局のところ仏法の運動として、一人ひとりに着目しています。いつもＵＮ（国連）のような場で話しているわけではありません。むしろ〝一対一の対話〟を通して希望のメッセージ、平和のメッセージを広げているのです。

堂々と語ったジョージー・パークハウスは、池田が創立したアメリカ創価大学（ＳＵＡ）の十期生である。

池田が初めてロンドンの地を踏《ふ》んだ時、イギリス全土で学会員は数人しかいなかった（一九六一年十月）。半世紀を経《へ》た今日、青年だけで内外六〇〇〇人が集まるまでに発展した。

一人ひとりとの対話。池田が戸田から受《う》け継《つ》いだこの鉄則を、イギリス全土に広げ、定着させるために生涯を捧《ささ》げた、一人の壮年がいる。

＊

「明日からイギリスに行ってきます」

四十四歳の池田大作が声をかけた相手は、五十二歳のリチャード・コーストンと妻の光子だった。

一九七二年（昭和四十七年）四月二十八日、東京。信濃町で創価学会の大きな行事があり、その合間に言葉を交《か》わした。

リチャードはイギリスを代表する高級百貨店「ハロッズ」の副総支配人や、ファッションブランド「ダンヒル」の極東《きょくとう》支配人を務《つと》めてきた。仕事で日本に移り住み、日本人の飯田光子から折伏《しゃくぶく》された、生粋《きっすい》の英国紳士《しんし》である（単行本『民衆こそ王者』第一巻で詳述）。

「（イギリスへ）大事な方に会いに行きます。題目《だいもく》を送ってくださいね」

池田からそう言われた光子は「私たちに、イギリスへ届くほど力強《ちからづよ》い題目を送れるだろうかと一瞬、戸惑《とまど》いました」と振り返る。

「その瞬間、先生は『私もあなた方に題目を送っておりますよ』『では、行ってまいります』と言われて、その場を後にされました」

コーストン夫妻は当時、信濃町に住んでいた。「翌朝も、夫が会社に向かう途中、たまたま池田先生の車とすれ違《ちが》い、先生は窓を開けて夫に向かって『行ってきます！』と声をかけられました」（光子コーストン）。

池田は羽田からモスクワ経由でヨーロッパへ向かった。ひと月かけてパリ、ロンドン、ワシントン、ロサンゼルス、ホノルルの三カ国五都市を訪れている。

この少し前――光子は座談会で、池田の妻である香峯子《かねこ》と懇談《こんだん》する機会があった。「先生の欧米訪問を目前に控《ひか》えた時です。奥様は私に『近い将来、主人はイギリスに行き、大切な人と会います』と言っておられました」。

光子はその話をリチャードに伝えた。「誰だろう」――リチャードはしばらく考えて「イギリスでセンセイがお会いになるのにふさわしい人といえば、ドクター・トインビーくらいではないだろうか」とつぶやいた。「どういう人なの？」。光子が尋ねるとリチャードは「ヒストリアン（歴史家）だよ」と答えた。制度化された歴史学の世界に、トインビーの思想は馴染《なじ》まない。しかし彼の歴史観はイギリスが生んだ宝だ。リチャードはそう思っていた。

池田が日本を発《た》った後、リチャードと光子は朝に夕に勤行《ごんぎょう》を重ね、「ロンドンまで届くように」と題目を送った。十日ほど経《た》った。「聖教新聞」の一面に〈トインビー博士と会談　池田会長、ロンドンへ〉と報じられた。新聞を手にしたリチャードは「やっぱり！」とうなずき、光子と手をとり合って喜んだ。

――それから三年後、自分がイギリスＳＧＩの初代理事長に就《つ》くことも、池田の第三代会長辞任後、池田・トインビー対談をもとに若者たちを育てていくことも、リチャードはまだ知らない。

初めて「日本」と向き合った場所

イギリスと池田の縁《えにし》をさかのぼると、創価学会の外にせよ、内にせよ、〝カギ〟を握る人物は〝戦争の傷〟と闘《たたか》い続ける人だった。

「二十世紀最大の歴史家」と謳《うた》われたトインビー。ライフワークである『歴史の研究』本篇《ほんぺん》の最終章の一節を、〝記念碑《きねんひ》を残さなかった人々〟に捧げた。

そこには、二十代でこの世を去った十人の友の名が記《しる》されている。彼らの〈戦死によって世界が失った、ついに書かれなかった著作のことを考えずにはいられない〉（『歴史の研究』第二十巻、四四一ページ、「歴史の研究」刊行会）。

トインビーが挙げた十人。それは〈無数《むすう》の勇敢《ゆうかん》な、自己を犠牲《ぎせい》に捧げた青年……の代表にすぎなかった〉（同）。

トインビーは自分の部屋に、彼らの写真を飾った。歴史家としての人生の道を、命を奪《うば》われた友と一緒に歩んだ。

〈第一次世界大戦に於《おい》て若くして軍人として生命を捧げたこれらの学者は、生き残った彼らの友人の心と記憶のなかに生き続けている。そして、生き残った者の一人である筆者（トインビー）の生涯と著作は、言葉に言い表わすことができないくらいに多く、これらの若くして死んだ仲間の不断《ふだん》の記憶に負《お》っている〉（同、四四一—四四二ページ）

この原稿を書いている時、トインビーは机のそばに一枚の古い地図を置いていた。若いころ、その地図を頼りにギリシャを旅した。地図は一本の道を間違えていた。トインビーは道に迷い、水筒《すいとう》の水が尽《つ》き、やっとのことで見つけた川の水を飲んだ。その水が、赤痢菌《せきりきん》で汚染《おせん》されていたのである。トインビーは体を壊《こわ》し、後遺症《こういしょう》に悩まされ、そのために兵役《へいえき》を務められなかった。〈私が生き残ったのは地図の誤《あやま》りのおかげなのである〉（『回想録Ⅰ』四十九ページ、オックスフォード大学出版局）——二十五歳を境《さかい》に、友は戦場で倒れ、トインビーは生き残った。死んだ親友たちは、トインビーの命の中で生き続けたのである。

リチャード・コーストンもまた、戦争によって人生を大きく歪《ゆが》められた。

一九二〇年（大正九年）、ロンドンで生まれた。リチャードの少年時代は、〝世界の二〇〇以上の国と地域で放映されたテレビドラマ〟として名高い群像劇《ぐんぞうげき》「ダウントン・アビー」の時代と重なる（激動の時代に揺れる大邸宅「ダウントン・アビー」をめぐる大河ドラマ）。二十世紀の初め、誰も予想しなかった第一次世界大戦が起こり、ヨーロッパの自信が大きく揺《ゆ》らいでいた。

＊

コーストン家の古い祖先に、ウィリアム・キャクストンという十五世紀の人物がいる。〈イギリス最初の印刷業者〉として『広辞苑』にも載《の》っている。フランスから印刷技術を持ち込み、

〈キャクストンなくして、イギリス文化の開幕と飛躍《ひやく》はなかった〉（歴史学者の樺山紘一）とまで言われる功績《こうせき》を残した。

「コーストンさんの先祖は、ケンブリッジ大学の図書館建設にも貢献《こうけん》しました。今もロンドンの国会議事堂近くにキャクストン・ホールという立派な建物があります」（藤井和雄、欧州SGI書記長）

コーストンの祖先ウィリアム・キャクストンの肖像画。印刷だけでなく翻訳も手がけ、「彼が採用した英語文体や綴りは近代英語の成立に寄与した」（デジタル版集英社世界文学大事典）といわれる ©アフロ

リチャードの父の代までは、家族で大きな館に住み、裕福だった。しかし父は事業に力《ちから》を入れず、最後まで残っていた二つの会社も売り払い、財産を失う。

叔父《おじ》の一人に、爵位《しゃくい》を持つ軍人がいた。リチャードはこの叔父に憧《あこが》れ、職業軍人を志《こころざ》す。

のちに東京で日蓮仏法とめぐりあうが、初めて「日本」と正面から向き合った場所は、イギリスでもなければ、日本でもなかった。インドシナ半島の西——インドとビルマ（現在のミャンマー）の境《さかい》だった。

日本が企《くわだ》てた「太平洋戦争で、最も悲惨《ひさん》かつ愚劣《ぐれつ》な戦《いくさ》」とも、「世界の陸軍史上、最大の汚《お》点《てん》」ともいわれる「インパール作戦」。イギリス軍は三十年に一度の豪雨《ごうう》に打たれながら日本軍を迎《むか》え撃《う》った。リチャードは少佐《しょうさ》になっていた。二十四歳だった。

＊

日本軍は敗走《はいそう》を重ねた。日本兵の血に染《そ》まった丘は「レッド・ヒル（赤い丘）」と呼ばれた。インパールからコヒマに至《いた》る道は、日本兵の遺骸《いがい》が散らばり「白骨街道《はっこつかいどう》」と呼ばれた。

日本軍の戦死者は三万人。信じがたいことに、三万人のうち六割が〝作戦中止の後〟に命を落とした。この数字は、インパール作戦がどれほどずさんなものだったかを物語る。補給路《ほきゅうろ》もなく、救援《きゅうえん》もなかった。そして大本営《だいほんえい》は現場に責任を押しつけた。

最前線《さいぜんせん》の歩兵《ほへい》たちは、敵兵よりも飢《う》えと病に苦しめられた。ジャングルでは猛獣《もうじゅう》に襲《おそ》われた。死んだ兵士は飢えた同胞《どうほう》の食糧《しょくりょう》になった。こうして弱りきった日本軍にとどめを刺《さ》したのが、イギリスとインドの連合軍だった。

リチャードはインド歩兵旅団《りょだん》に所属していた。猛烈《もうれつ》なスコール（大雨）に体力を奪《うば》われ、ヒ

インパール作戦でジャングルを進む給水部隊（1944年6月）©毎日新聞社

ルに血を吸《す》われ、マラリア蚊《か》に悩まされた。赤《せき》痢《り》にも罹《かか》った。

「夫はインパール作戦のことはあまり語りませんでした。ただ『日本の文化がわからなかった』と言っていました。捕虜《ほりょ》になった日本兵が自殺してしまうのが、どうしても理解できなかったようです。必死になって捕虜の自殺を止《と》めようとしたことを話してくれました」（光子コーストン）

戦場を振り返り、リチャードは綴《つづ》っている。

〈インドやアフリカのあらゆる地方から派遣《はけん》されてきた兵士たち、そして自分の国の仲間の兵士たちといっしょに……ただひたすらに戦争と病気のなかを生き抜き、なんとかして遠い母国《ぼこく》に生きて帰りたい〉

〈私たちは出身地の如何《いかん》にかかわらず、お互《たが》いに何か価値あるものを与え合うことができるこ

とを学んでいったのです〉

生死を分かち合った戦友は、リチャードにとって家族よりも大切な存在になった。しかし、友情は国家によって切り裂《さ》かれた。

〈……戦争が終わったあとも、何とかして世界の人々と密接《みっせつ》な連絡を保《たも》っていきたいという私の気持ちは変わりませんでした。私は、あらゆる人種のそれぞれが持っている英知と文化を、もっと深く知りたいと切望《せつぼう》しました。

だが、現実には、かつて共に戦った戦友たちは、平和という名の下《もと》に、それぞれの国の国境の壁《かべ》の背後にさっさと身を隠《かく》していってしまったのです。そのことが、時に、どれだけつらい、悲しい思いを私にさせたかしれません〉

「もう一度原点に戻って、御書《ごしょ》に取り組もう」

戦争には勝ったが、リチャードの心は沈《しず》んでいった。十一年後の「スエズ危機」では、スエズ運河《うんが》の近くをジープで走っていた時、敵機《てっき》の機銃掃射《きじゅうそうしゃ》に追われたが、九死に一生を得た。

「コーストンさんが軍を辞《や》めたきっかけは核兵器《かくへいき》でした。『戦略上《せんりゃくじょう》、効果的な原爆《げんばく》の使用方法』を研究するグループに配属《はいぞく》された時、退職《たいしょく》を決めたそうです」（藤井和雄）

のちにリチャードは〈終戦後、自分の歩んできた人生にいたたまれなくなったのです。戦争に勝つことが国のため、民族のためであると信じ、将校《しょうこう》として指揮《しき》をとってきました。しかし、それが恐ろしい破壊《はかい》行為だったことを思うと、一体何を信じて生きていけばよいのか迷いました〉と手記に書いている。

直接の上官《じょうかん》に、尊敬できる人がいなかったことも不運だった。最も影響を受けた人物は、リチャードに仕《つか》えた、インド人の年配の下士官《かしかん》だった。「指導者としてのあり方をはじめ、陸軍の誰よりも、あの下士官から多くのことを教わった」と語り残している。

軍を辞めて貿易の世界に転《てん》じた。三十代から四十代にかけて、キリスト教の慈善《じぜん》事業に打ち込んだ時期もあった。二度の離婚《りこん》も経験した。

〈何度ギブアップしそうになったかしれません。カント、ヘーゲル等のドイツ哲学を勉強したのもこのころです〉

東京で光子と出会い、一冊の本を手渡された。

戦争ほど、残酷《ざんこく》なものはない。

戦争ほど、悲惨《ひさん》なものはない。

だが、その戦争はまだ、つづいていた。

愚《おろ》かな指導者たちに、率《ひき》いられた国民もまた、まことに哀《あわ》れである。

池田の小説『人間革命』の冒頭《ぼうとう》である。一行ごとに、胸に突《つ》き刺《さ》さった。このくだりを読んだ時の驚きを、リチャードは終生《しゅうせい》、折《おり》に触《ふ》れて語り続ける。

日蓮仏法は、民族の壁も超えるという。私自身の宿命転換《しゅくめいてんかん》が、国家の命運《めいうん》をも変えるという。五十年、生きてきた。人生の半《なか》ばを過ぎて、異国《いこく》の地で、とうとう求めていたものを見つけたと感じた。「折伏《しゃくぶく》していた私のほうが質問攻めにあいました」（光子コーストン）。

最後までためらったのは、「これまでとまったく異《こと》なる思想を受け入れる」ことができるか、だった。長く悩んだ。「キリスト教も、中近東《ちゅうきんとう》からヨーロッパにもたらされたものだったではないか」。リチャードはそう思い立ち、新しい一歩を踏み出す。

*

信心を始めた翌年の秋、リチャード・コーストンは初めて池田の御書《ごしょ》（日蓮の遺文集《いぶんしゅう》）講義を間近《まぢか》で聞いた（一九七二年十月五日）。

この年、池田は九月、十月と続けて教学部の若手に「諸法実相抄《しょほうじっそうしょう》」「生死《しょうじ》一大事《いちだいじ》血脈《けつみゃく》抄」を講義している。

——御書の意味についてはわかっている場合もあるかもしれない。しかし、自分自身に本当にインカネーション（人間化、具体化）されているかどうかを考えたならば、反省すべき点もあるだろう。もう一度原点に戻って、御書に取り組もう——こうした主旨《しゅし》で始まった講義だった。池田の提案でリチャードが出席したのは、その二回目である。

——生きて生きて生き抜いて、どれだけ仏法のために働いたか。それ以外に信心の本質はない。

——今ここに、真剣に集まった諸君のなかに「血脈」がある。

——諸君が、どこへ行っても同志を励まし、「今度はこれをやろう」と提案する。少し信心が弱くなった友人には「おい、しっかりしろ。おれと一緒に勉強しよう」と声をかける。あたたかく見守ってあげる。こういう思いやりを夢にも忘れない本質があれば、それが厳然《げんぜん》たる「血脈」である——。

それは、「血脈」という言葉を権威《けんい》づけに使ってきた既成《きせい》仏教のあり方を、一八〇度転換させるものだった。二時間半、リチャードは池田のそばに座り、講義を聞き続けた。

この少し前にも、池田と話す機会があった。その時のやりとりを、池田自身が綴っている。

〈……私は（コーストン夫妻と）一緒に勤行《ごんぎょう》したあと、彼に提案した。

「あなたがた夫妻に、次はどこでお会いしたらよいかと、考えてきたのです。こんどはロンドンではいかがでしょうか」

彼はとっさに私の心を理解して、「はい、必ずそうします」と明快に答えた〉（池田のエッセー、グラフ誌「SGI」一九八一年八月号）

次の夏には、海外から九〇〇人ものメンバーが研修会で来日した。

「センセイは、出会った人がブラジル人であろうが、イギリス人であろうが、オランダ人であろうが、香港から来た人であろうが、一人ひとりに接する姿勢が変わらないんだ」

池田と出会い、家に帰るたびに、その驚きを妻の光子と共有した。

第二次世界大戦を経《へ》て、リチャードの心には「大組織の指導者」に対する不信感が強く渦巻《うずま》いていた。日本での日々は、「リーダー像の革命」に触れる日々でもあった。

＊

〈イギリスに帰るべきか、日本に留《とど》まるべきか――彼は数年間悩みつづけていた。彼は日本を愛していた。滞日中《たいにちちゅう》もコーストン宅で外国人メンバーの座談会は活発に開かれていた〉（池田のエッセー、同）

コーストン宅の座談会は「ＴＩＧ（東京インタナショナル・グループ）」の淵源《えんげん》になった。首都圏に住み、英語を話す学会員の集まりである。

ＴＩＧのシニア・アドバイザーであるスコービジョン・ルメイグレロンは、「コーストンさんは仏法の『十界論《じっかいろん》』を日常生活に照《て》らして話してくれました。とてもわかりやすく、これは他の宗教とは違うと思いました」と語る。

「私は一九七四年にロンドンで信心を始めました。初めて参加した座談会に、ちょうど日本からイギリスに戻ったばかりのコーストンさんが来られたのです。その後、私は東京に来ましたが、そこにはすでに、コーストンさんを中心に築かれた在日外国人のネットワークがありまし

TIG（東京インタナショナル・グループ）の青年文化祭に集った首都圏在住の39カ国・地域の出身者400人が、はつらつと記念のカメラに（2014年3月、東京・杉並区）©Seikyo Shimbun

た」

リチャードは、自然に、人の輪の中心になる人《ひと》柄《がら》だった。

〈在日の友人、知人を我が家に招《まね》いて開く座談会は、私の最良の楽しみでした〉（リチャード・コーストンの手記）

コーストン宅の座談会は三年ほど続き、日蓮仏法とめぐりあった在日メンバーの心の拠《よ》り所《どころ》になった。

いっぽうリチャードは、来日したイギリスのメンバーに声をかけられるようにもなった。

「あなたが東京で活躍されているのは、ロンドンにも聞こえています。でも、あなたはイギリスにこそ必要な人なんです」

日本で暮《く》らし始めた時には、祖国に帰るつもりは少しもなかった。軍を去り、会社での出世《しゅっせ》に失敗し、離婚の苦しさも味わった。イギリスは暗い思い出の多い地である。ましてや、あの国で仏法を弘《ひろ》めることは、日本での活動と比べてどれほどの難《なん》事業《じぎょう》になるのか、想像もつかない。

「私はもう、五十四歳。一人の信仰者として、静かな生活を送りたい」。そう思っていたことも、のちに述懐《じゅっかい》している。

来る年ごとに、同じ信仰を持った人々がロンドンからやってきて、弘教《ぐきょう》の苦労と喜びを話してくれた。その現実に、リチャードは心を動かされた。

一九七四年（昭和四十九年）三月、リチャードと光子はロンドンに移り住む。渡英《とえい》を控《ひか》えたある日、コーストン宅の最後の座談会に、池田の妻、香峯子が参加した。香峯子は光子に「イギリスの広宣流布《こうせんるふ》をお願いします」と頼んだ。

光子は「その時、正直に申しますと『私が？』とビックリしたんです。思わず『主人にやってもらいます』と言ってしまいました」と語る。「奥様は私を正面から見つめて、微笑《ほほえ》みながらこう言われました。『もちろんです。でも、あなたも同じ使命ですよ。ご主人と一緒に闘ってくださいね』と。ご自身の体験をまじえながら『イギリスで一番苦労するのは光子さんだから』と励ましていただきました。あの時、心が定まりました」。

翌年には、グアムでSGIが発足しようとしていた。

「先《せん》駆《く》者《しゃ》は大変なんです」

〈コーストンさん夫妻の再出発は、苦難《くなん》続きだった。期待していた仕事の当てが外《はず》れ、給料は激減《げきげん》した。

光子夫人が慣《な》れない異国の地で、ベビーシッターをして生活費を助けた〉（池田のエッセー、二〇〇六年五月二十一日付「聖教新聞」）

一九七五年（昭和五十年）一月二十六日――ＳＧＩの発足式《ほっそくしき》には、イギリスからリチャード・コーストンをはじめ三人が参加した。家計は苦しかった。リチャードは光子に「私は、ＳＧＩの発足式に行ってもいいだろうか」と尋ねている。光子は「あなたが行かなければ、誰が行くのですか」と、笑って夫をグアムに送り出した。

〈ロンドンから太平洋上の小さな島・グアムへの旅――。それは私には夢の中の出来事のようでした。戦争の悲劇《ひげき》が刻《きざ》まれたこの島に世界の友が集い、ＳＧＩが誕生。それが人類の未来にどんな意味があるのか、世界への活動がどう発展していくのか。当時の私には夢としか思えませんでした。

……グアムでの夢は月々日々、霧《きり》が晴《は》れていくように明確な現実になり始めたのです〉（リ

チャード・コーストンの手記）

八十四歳の光子は、リチャードが生前に諳《そら》んじていた文章を口にした。

「……ともかく地平線の彼方《かなた》に、（日蓮）大聖人《だいしょうにん》の仏法の太陽が、昇《のぼ》り始めました。皆さん方は、どうか、自分自身が花を咲《さ》かせようという気持ちでなくして、全世界に妙法《みょうほう》という平和の種を蒔《ま》いて、その尊《とうと》い一生を終わってください。私もそうします」

それは、グアムに集まった五十一カ国・地域の代表を前に、池田が語った言葉だった。こう続く。

「私は、ある時は同志の諸君の先頭にも立ち、ある時は側面《そくめん》から、ある時は陰《かげ》で見守りながら、全精魂《ぜんせいこん》を込《こ》めて応援していくでありましょう」

戻るつもりのなかった祖国に、どうやって仏法の種を植えるか。どうすれば人が育つのか。

“夢としか思えなかった”挑戦に、リチャードは残りの人生のすべてを注《そそ》ぎ込んでいく。

＊

インド、中央アフリカ、エジプト、香港、そして日本。人生の大半を外国で暮らしてきた。

ロンドンに戻った時、それらの経験がすべて生かされていく。

〈ロンドンの各ブロックや支部は、とてもコスモポリタン（世界市民）的な性格をもっています。（ある人が）ロンドンで入信したといっても、マレーシア出身だったり、日本出身だったり、香港、インド、ナイジェリア、ガーナ出身といった人も少なくありません〉

都内で、イギリスに帰国するコーストン夫妻を激励する池田（1974年2月）
©Seikyo Shimbun

〈この歴史的な偉業《いぎょう》を成功させるためには、あらゆる可能な道を開拓《かいたく》しなければなりませんし、特に困難《こんなん》に見えるような小道《こみち》さえもあえて探索《たんさく》しなければなりません〉

〈上からの布告《ふこく》によっては、決してこの運動を発展させることはできないのです〉

〈（宗教間対話について）私たちは友情と協力の手を、それがしっかりと握《にぎ》られるまで、差《さ》し伸《の》べていくことが必要です〉（リチャード・コーストンの手記）

SGI発足の四カ月後、コーストン夫妻は池田をロンドンに迎え、約束を果たした。

池田は出迎《でむか》えたリチャードに「先駆者《せんくしゃ》は大変なんです」と語っている。

「あなたは、あなた自身が困難な時に全力を尽くしておられる。それこそが〝英国の精神〟です。これはお世辞《せじ》じゃないんです。

真実です。私はイギリスに希望を感じます。あなたを最大に尊敬します」

藤井和雄は「あのころ、雨の日にコーストンさんと二人で、あるメンバーに会いに行ったことがあります」と振り返る。「メンバーのお宅の玄関《げんかん》まで行ったんですが、家の中に入れなかった。じつは二人とも靴《くつ》に穴《あな》が空《あ》いていて、雨に濡《ぬ》れてしまったのです。コーストンさんも私も、一番お金に困っていた時期でした。靴を買い換《か》える余裕もなかった」。そう言って苦笑《にがわら》いを浮かべた。

一九七九年（昭和五十四年）、テムズ川沿《ぞ》いのリッチモンドにＳＧＩの会館ができるまで、コーストン夫妻はロンドン西部の自宅を座談会場にした。

〈私たちにとって、それは並外《なみはず》れた大家族を持っているようなものでした〉（リチャード・コーストンの手記）

「〝日本に永住《えいじゅう》すること〟が、結婚の条件だったんですけどね」と光子は笑う。イギリスＳＧＩの副婦人部長として、公私《こうし》ともにリチャードを支えた。

「最も暗い状況で、彼らは闘《たたか》い続けることができた」

リッチモンドの会館は、イギリスで初めての本格的な会館だった。オープンしたのは池田が第三代会長を辞任した翌月である（一九七九年五月）。

「第一次宗門《しゅうもん》事件」の嵐が吹《ふ》き荒《あ》れる日本で、何が起きているのか。リチャードは不安を覚えるメンバーを安心させることに心血《しんけつ》を注いだ。会館オープンを祝《いわ》う機関誌「UKエクスプレス」の寄稿《きこう》でも、池田の軌跡《きせき》に触れた。

〈……（新会館が誕生した）この月は、一九六〇年代からの草創期《そうそうき》に、はかりしれない闘いを通して、今日《こんにち》の生き生きしたSGI・UKを生み出された先輩方《がた》に、心からの感謝と賞賛《しょうさん》を送らずにはいられません。

　彼らだけで闘ってきたことに思いを馳《は》せると、私の目には涙がこみあげてくるのです〉

〈草創の先駆者を思うと、私は池田先生のことを思わずにはいられません。……草創の皆さんが心に感じた、先生の励ましと祈りなくして、彼らがこの困難な課題をやり遂《と》げることは難しかったでしょう。

　物事が最も暗い状況にある時、いつも先生はそのことを感じられました。そして思いもかけないメッセージや励ましが届き……彼らの胸に、新しい勇気、新しい決意が湧《わ》き起こり、彼らは闘い続けることができたのです〉（「UKエクスプレス」一九七九年五月号）

　さらにリチャードは同誌に〈（会長辞任後の）池田先生は世界広宣流布《こうせんるふ》の道を進まれるでしょう〉〈たくさん旅に出られ、私たちや他の国への訪問も、ずっと頻繁《ひんぱん》になるでしょう〉と綴っている（同六月号）。

池田が「反転攻勢《はんてんこうせい》」の時を作り始めた時、一万キロ離れたイギリスの地でも、新しい「師弟」の物語が織《お》りなされようとしていた。

人の声を聞く青年を育てる

リチャードと光子の二人三脚の歩みを、池田は陰《かげ》になり日向《ひなた》になり、励まし続けた。

「……コーストン理事長は、『ディック』の愛称で呼ばれ、壮年・婦人部、男女青年部を問わず、親しまれている。日本の幹部も、愛称《あいしょう》で呼ばれるぐらい、親《した》しみがなくては、と思うときもある。（笑い、拍手）

たとえば私も戸田先生から、よく『大！』『大はどこだ』と呼ばれていた。そのせいか、当時、小さかった長男も、それを真似《まね》して『大！』『大！』と。（笑い）

それはともかく、幹部は〝どのようにでも呼んでください〟（笑い）というくらいの包容力《ほうようりょく》と心の深さ、大きさが必要である。心の狭《せま》い人は不幸である。また、そういう人のもとにいる人はもっと不幸である」

「さて、『ディックさん』（笑い）の良さはどこにあるのか。もっとも大きな点の一つは、人の意見をよく聞くことである。とくに婦人部の意見は大切にし、一言一言に注意深く耳をかたむけ、真剣に対応している。

また副婦人部長でもある光子夫人も、ご主人に、さまざまな状況を冷静《れいせい》かつ公平に伝え、適切な手を打っていくための大きな助けとなっているという。

もう一つの点は、全力で青年の育成に取り組んでいることである」（一九八九年のスピーチ、『池田大作全集』第七十二巻）

＊

還暦《かんれき》を過ぎたリチャードは、信心を始めたばかりの青年たちに託《たく》しておきたいことが山ほどあった。イギリス青年部に池田・トインビー対談を読み合わせるグループをつくったのは、リッチモンドに会館ができてしばらく経《た》ったころだった。

「私たちは『ニューセンチュリー（新世紀）・グループ』として毎月集まり、池田・トインビー対談を学びました。青年部を対象にしたこのグループは、今も続いています」

イギリス女子部長などを歴任《れきにん》し、今は欧州ＳＧＩの女性部長を務めるスザンヌ・プリチャードが語る。

「対談集の読み合わせは毎月、一章ずつ進みます。すべての章を網羅《もうら》していくので、政治も、経済も、文化も学びます。なによりも私たちはニューセンチュリー・グループを通して人生そのものを、そして師弟について学びました。

コーストンさんが講義するというより、みんなでディスカッション（議論）するのです。その時、その時のキーポイントをコーストンさんがまとめてくれる形でした」

「最近になってはっきりとわかってきたのですが、池田・トインビー対談は仏法用語《ぶっぽうようご》をあまり使わず、広い読者層が理解できるように、〝人間的な言葉〟で語り合われたものだったのだとつくづく感じています」

スザンヌ・プリチャードは木管楽器《もっかんがっき》バスーン（ファゴット）の演奏家として長く活躍してきた。創価学会とめぐりあったのは十九歳の時である。

「きっかけはロイヤル・アカデミー・オブ・ミュージック（王立音楽院）のオーディションがきっかけでした。

オーディションの少し前、学会の座談会《ざだんかい》に行きました。地元のオーケストラで一緒にバスーンを演奏《えんそう》していた仲良しの女の子がいて、彼女のお姉さんから誘《さそ》われたのです」

「私は最初の座談会に行った時、雰囲気《ふんいき》はとても気に入ったのですが、〝ディベート（論争）〟の気分で参加していました。『三世《さんぜ》（過去世、現世、未来世）の生命観と言うけれど、どうやって命が永遠に続くことを証明できるのか』といった、挑戦的な質問ばかりぶつけて満足していたのです。ヨーロッパでは多いのですが、〝頭だけで考える人〟の典型《てんけい》だったと思います」

「センセイは私より若い。しかしすべてを教わった」

オーディションは教師からも「必ず受かる」と太鼓判《たいこばん》を押されていたが、落ちてしまう。
「一九七五年に一回目のオーディションに落ちたことが、今から思えば大きな功徳《くどく》でした。そのおかげで人生が大きく変わったのですから」（スザンヌ・プリチャード）。

いちど信心を試《ため》してみよう、と思った。「信心をする前は教会に行っていたので、もちろん、静かに祈っていました。仏法では声に出して祈るので、最初は慣《な》れません。紙幅《しふく》の御本尊《ごほんぞん》に祈る、という感覚もしっくりきませんでした。でも、初めて真剣に題目を唱え始めた時の、あの喜び。胸の高鳴《たかな》り。力がみなぎっていく感覚。今でも忘れることができません」。

翌年、スザンヌは二度目のオーディションに合格し、王立音楽院で四年間学んだ。

「四年生になった時、ある教授から『君は、オーディションを受けた時と同じように幸せかい？』と聞かれたんです。

彼は私の二度目のオーディションの担当者で、当時の私が喜んでオーディションに臨《のぞ》んだ様子を見ていました。その時、私はすでに信心を始めており、彼はその時の姿を覚えていてくれたのです。そういう素晴《すば》らしい教授に恵《めぐ》まれた学生時代でした」

イギリス女子部で弘教《ぐきょう》の最前線に立ちながら、フリーランスのバスーン演奏家として生計《せいけい》を立てた。

「仕事では、やはりコヴェント・ガーデンのロイヤル・オペラハウス（王立歌劇場）で演奏したことが印象に残っています。舞台ではオペラやバレエが演《えん》じられているので、オーケストラは下のほうにいて見えませんが、ソロのパートで上手《うま》く演奏できた時は、指揮者から、観客の拍手に対する御礼を促《うなが》されます。誇りに思う瞬間でした」

アカデミー音楽賞に輝いた「恋におちたシェイクスピア」をはじめ、映画音楽の演奏も多く手がけた。「テレビで映画が流れていると『あ、私の演奏だ』と思うことがありますよ」と笑顔で話す。

「私がこの信仰について、師弟について、考えが深まっていったきっかけは、洗練《せんれん》された英国紳士であるコーストンさんの存在でした。

彼は私たちの世代に、よく『センセイは私より若い。しかし、私はセンセイから人生のすべてを教わった』と話してくれました。若いころの私にとって『師弟』というテーマは、時間をかけて理解していく長い旅のようなものでした」

フランス・パリ近郊のソー公園で学会員との記念撮影に臨み、リチャード・コーストンと握手を交わす池田（1975年5月）©Seikyo Shimbun

師弟の道は仏教を「人間化」する戦い

「たとえば、今、仏法の『師弟』について疑問を抱《いだ》いている人と話をしているとしましょう。相手はヨーロッパの人ですよ。『どんな難しい話が出てくるのだろう』と身構《みがま》えています。そんな時、私だったらこう話します」

スザンヌはこう問いかけるという。

「仏法者が『自分自身を変える』ためには、何人が必要だと思う？」

答えは、「少なくとも、師匠と私の『二人』が必要――と思いきや、正解は『一人』なのよ」。

「師弟不二《していふに》」という考えを、どうすればヨーロッパの人々が納得できるように伝えられるか――「それを私たちは常に考えています。ヨーロッパはどの国でもキリスト教の考え方が基盤《きばん》にありますから、まず『神父《しんぷ》と信徒』『聖職者《せいしょくしゃ》と自分』が〝不二〟なんてあり得ない、と思います。でも、このように話すと、『なになに、それってどういうこと？』と身を乗り出して聞いてくれるのです」

＊

「私は信心を始めたころ、師匠と弟子は〝別の存在〟で、〝階級《かいきゅう》〟のようなものと考えていま

池田・トインビー対談について講演するリチャード・コーストン（1983年3月、ロンドン・ケンジントンのタウンホール）©Seikyo Shimbun

した」。スザンヌはそう言って一冊の本を机に置いた。一九九一年（平成三年）と九四年（同六年）、池田がヨーロッパを訪れ、各国でスピーチした内容をまとめた冊子《さっし》である。この時期は、日蓮正宗《しょうしゅう》が創価学会を「破門《はもん》」するに至る「第二次宗門事件」の渦中《かちゅう》だった。

スザンヌは、折り目と書き込みでくたびれたその本を手にし、池田が「なぜ仏教はインドで滅《ほろ》びたか」について語ったページを開いた。

――本来、仏教は〝人間の生き方〟を説いたものだった。釈尊《しゃくそん》は「このように生きよ」「人生をこう生きよ」と、わが身で教えた。そこには師弟の道があった。

しかし、いつしか「人間・釈尊」は権威化《けんいか》され、人間を超えた神になっていった。今でもインドの多くの人々は、釈尊を尊敬してはいるものの、ヒンドゥー教の神々のひとりのように、あがめているようである。「仏」とは、ありがたく礼拝《らいはい》する対象であっても、〝その生き方に続く〟存在ではなくなった。師弟の道も見えなくなった。

仏教が〝人間の生き方〟でなくなったとき、インドでは、仏教は死んでしまった――これがネルー首相の結論だった。

そもそも日蓮大聖人《だいしょうにん》の戦いも、ある面からいえば、〝仏教を人間化する戦い〟だったといえる。人間の実生活から遊離《ゆうり》していた仏教を、人間の手に取り戻し、現実の生活法として教えられた。

「仏とは、人間（凡夫《ぼんぷ》）である」「人間（凡夫）こそ、仏である」

こう叫ばれた。

（『池田大作全集』第八十四巻から）

「池田先生は一九九四年、ドイツでこの話をされた後、『法華経《ほけきょう》の智慧《ちえ》』の連載をスタートして、〝人間に還《かえ》るための仏法〟を語り始められました。今、それは極《きわ》めて大事なことだったと感じています。牧口先生（創価学会初代会長）、戸田先生、池田先生という三人のリーダーによって、『人間に立ち返る仏法』が築かれた。これは歴史的な出来事なのだと感じています」

「ヨーロッパの婦人部の悩みは日本の皆さんと同じかもしれません。経済苦、育児、仕事との両立、職場や近所の人間関係、病気などが多いです。
しかし、悩みは人それぞれのように見えても、結局、行き着くのは『自分の人生を、本当に自分で変えていけるのか？』という不安であり、不信です。仏法で説《と》かれる『仏』と『自分』は別々なのだ、と考えがちなのです。だから私はこの一節を通して言うのです」（スザンヌ・プリチャード）

――法華経に、
〈一心欲見仏《いっしんよくけんぶつ》 不《ふ》自惜身命《じしゃくしんみょう》〉（一心に仏を見たてまつらんと欲《ほっ》して、自ら身命を惜《お》しまず）
という一節がある。

日蓮は、この「一心に仏を見る」という一言を、「一心を見れば仏なり」と読み換《か》えた（義《ぎ》浄房《じょうぼう》御書、御書八九二ページ）。

スザンヌをはじめヨーロッパ婦人部のリーダーたちは、この話をよくしてきたという。

「〝仏を求める凡夫の一心〟が、そのまま〝仏の一心〟となっているのです。……成仏《じょうぶつ》と言い、仏界《ぶっかい》と言っても、『不自惜身命』の信心の『心』にしかないのです。その心を失ったら、仏法はない」（『法華経の智慧』普及版〔中〕五二二ページ）

スザンヌたちは、池田が訴えてきたキーポイントを、それぞれの母国の言葉で、知恵を尽くして語り続けている。

「婦人部も壮年部も、イギリスのナショナル・リーダー（全国幹部）の多くが『ニューセンチ

ユリー・グループ』でコーストンさんに育てられた人々です」（スザンヌ・プリチャード）

海を渡った日蓮仏法は、イギリスの地でどのようにして根づいたのか。先駆者たちは、どのようにして〝新しい世紀〟を開こうとしてきたのか。さらに辿《たど》る。

第2章

「座談会《ざだんかい》」は広宣流布《こうせんるふ》の波――イギリス⑦

後にも先にも、あの時ほどの強行日程はなかった――という欧州、北米など六十一日間の旅の途上。光あふれる南仏トレッツでの研修会で池田は、十八カ国から集った友に語った。

「人の幸せを願ってやまない真心があるなら、立派に折伏《しゃくぶく》はできる」

「座談会《ざだんかい》は広宣流布《こうせんるふ》の波である。信・行・学を鍛える場である」

第三代会長辞任という最大の逆境から二年。一九八一年（昭和五十六年）六月、池田はヨーロッパの友の心に仏法の基本中の基本を打ち込んでいった。

ロンドン近郊――イギリスＳＧＩ（創価学会インタナショナル）の中心拠点、タプロー・コート総合文化センター。その日、誰もが見とれるような、大きな虹《にじ》の橋がかかった。二度もかかった。イギリスのメンバーも、日本から訪《おとず》れていた運営スタッフも、口々《くちぐち》に感嘆《かんたん》の声をもらした。声にならず、黙《だま》って空を見上げる人もいた。

「美しき心の虹で、世界を結びたい」

なかには「ＳＧＩほど虹を喜ぶ団体は他にありませんね」と笑顔で話す日本人メンバーがいた。それを聞いたロバート・サミュエルズは、穏《おだ》やかな口調で「いや、ＳＧＩだけではないですよ。ワーズワースが素晴らしい詩を書いていますよ」と言い、その場で一篇の詩を暗唱《あんしょう》した。

一九九四年（平成六年）六月八日――池田大作がチャールズ皇太子《こうたいし》の私邸《してい》に招《まね》かれた日のことである。

ロバートは当時、妻の美智子とともにイギリスＳＧＩの北東ロンドン方面を担当していた。ロンドン大学で経済学や社会歴史学を、マンチェスター大学で教育学を学び、高校教師として経済学を教えていた。のちにイギリスＳＧＩ理事長を務《つと》める。

「私が驚き、そしてうれしかったのは、この日のやりとりを聞かれた池田先生が、三日後に行われたＳＧＩ総会で、〝虹の話〟をされたことです」（ロバート・サミュエルズ）

アパルトヘイト（人種隔離政策）による黒人居住区の一つ、南アフリカ・ヨハネスブルク近郊のソウェト ©アフロ

＊

この年のＳＧＩ総会は、イギリスで開かれた。三十八の国と地域から学会員が集まり、四十カ国からメッセージが届《とど》いた。

南アフリカ共和国の学会員が初めて参加したのも、この時である。「人類に対する犯罪」といわれた悲《ひ》惨《さん》なアパルトヘイト（人種隔離《かくり》政策）を廃止し、ネルソン・マンデラが新しい国づくりを始めた南アフリカ。ほんのひと月少し前、初めて「すべての人種が参加した選挙」が行われたばかりだった。

この四年前、池田はマンデラと聖教新聞社で会見し、九五年（同七年）には迎賓館《げいひんかん》で再会している。

不屈《ふくつ》の闘士《とうし》マンデラは「虹の国」という合言葉を掲《かか》げた。さまざまな色があってこそ輝《かがや》く虹のように、この国に住むあらゆる人々に平等を、尊厳《そんげん》を――との悲願《ひがん》が込められていた。

その南アフリカからＳＧＩ総会にやって来たのは二人。十年ほど前から、黒人、白人の差別のない座談会を開いてきた。

「一次元からいえば、政治は力《ちから》で結ばれる。経済は利害で結ばれる」――池田は総会で語っている。「これに対し、文化は心で結ばれる。ゆえに、私どもは、美しき心の虹で、さらに世界を結びたい」（『池田大作全集』第八十四巻）。

幸福をつくるのは「みずみずしい心」

池田が三日前の虹に触《ふ》れたのは、このスピーチの冒頭だった。

「……（六月八日の）虹を見て、方面長のロバート・サミュエルズさん（高校の先生）は、すぐに、イギリスの著名な自然詩人ワーズワースの『虹』の詩を口《くち》ずさまれたという。

さすがに『詩の国』イギリスのリーダーである。広宣流布《こうせんるふ》のためには、幅ひろく何でも知っておくことが力となる。私も大好きな詩であり、天文学者ウィックラマシンゲ博士との対談でも、この詩をめぐって語り合った」

それは、〝心の年齢〟を問いかける詩だった。

〈私の心は躍《おど》る、大空に
虹がかかるのを見たときに。
幼《おさな》い頃もそうだった、
大人になった今もそうなのだ、
年《とし》老《お》いたときでもそうありたい、
でなければ、生きている意味はない！
子供は大人の父親なのだ。
願《ねが》わくば、私のこれからの一日一日が、
自然への畏敬《いけい》の念によって貫《つらぬ》かれんことを！〉

（平井正穂編『イギリス名詩選』岩波文庫）

「『感動』がなくなれば、生きている意味はない、と。子どものころのように、生き生きと、虹に心を躍《おど》らせる。ものごとに新鮮に反応する。その、みずみずしい心に幸福はある。いつも下を向いてグチってばかり（笑い）、文句ばかり（笑い）――それでは富があろうと、地位があろうと不幸である。『心』こそ大切なのである」（前掲全集、第八十四巻）

池田と対談集『「宇宙」と「人間」のロマンを語る』（毎日新聞社）を編《あ》んだウィックラマシンゲは、こう語っている。

「私もこの詩が好きです。世界を発見しようとする子どものころの意欲《いよく》をなくしてしまった大人は、もはや知的な人間ではなくなるのです。彼らは知性の階段を下へ下へとおりているのです」（前掲全集、第一〇三巻）

＊

ある国で見事な虹がかかった時、池田は「虹も、一つの実証《じっしょう》である。すぐに消えるが、確かに皆の目に見える。虹がかかると、皆の心が明るくなる」と語ったことがある。

「法華経《ほけきょう》」には、大勢《おおぜい》の仏たちが集まって〝釈尊《しゃくそん》の言葉は正しい〟と証明する場面が説かれている。

かつてインドでは「舌《した》を出す」のは「うそ偽《いつわ》りがない」証明だった。大勢の仏たちが釈尊を讃《たた》え、いっせいに「広長舌《こうちょうぜつ》」（広く長い舌）を天空に伸ばした――日蓮《にちれん》はその情景《じょうけい》を、〈数えきれないほどの虹が、大空に立っているようだ〉と譬《たと》えている（下山《しもやま》御消息《ごしょうそく》、趣意、御書三五九ページ）。

この一節を通して池田は、「（日蓮の）心を拝《はい》しながら、虹は、〝学会は正しい〟〝皆、これ真実なり〟と、天が私たちに語りかけ見せてくれている、と受け止めてはどうだろうか」と提案している（一九九二年のスピーチ、『池田大作全集』第八十一巻）。

「ワーズワースの詩には、仏法に通《つう》じるものがあると思います」。そう語るロバート・サミュエルズが創価学会に入ったのは、一九七六年（昭和五十一年）、二十

タプロー・コート総合文化センターで天文学者のチャンドラ・ウィックラマシンゲと語り合う池田（1991年6月）。２人の対話は対談集『「宇宙」と「人間」のロマンを語る』として出版された
©Seikyo Shimbun

六歳の夏だった。

「私は一九五〇年にケント州でユダヤ教の家族のもとに生まれ、ロンドンで暮らしました」

両親ともにイングランド出身だが、母方の祖母はポーランドで生まれた。日蓮仏法を知ったきっかけは、〝学会員ではない親友〟の誘《さそ》いだったという。

「親友から『パーティーがあるから来ないか』と誘われて行ってみると、私の〝親友の友人〟がSGIに入ったことをお祝《いわ》いするパーティーだったんです」

それは、友人の人生の転機《てんき》を祝う集まりだった。「もちろんパーティーにはSGIメンバーが多かったし、日本人も多かったです。でも、私に仏法の話をしてくれた支部長は日本人ではなかったし、その日、信心を始めた私の親友の友人も日本人ではありませんでした」。

ロバートは、支部長が話してくれた「人間の心が変わらなければ、社会の変革《へんかく》はできない」という考えがとても新鮮で、心を動かされたと振り返る。

＊

「私は十六歳までは毎週土曜、ユダヤ教のシナゴーグ（会堂）に通っていました。しかし、とくに道徳的な問題……たとえば自殺や同性愛について、どう考えればいいか、納得《なっとく》できる答えが見つかりませんでした。小さいころから、生きていくうえでのたくさんのルールを教わったのですが、『素晴《すば》らしい人間になるために、なぜそのルールが必要なのか』が納得できませんでした」（ロバート・サミュエルズ）

「〝パーティー〟に誘ってくれたのは学会員ではなかったし、誰に折伏《しやくぶく》されたのかと聞かれると、ちょっと困《こま》りますね。支部長の話を聞きながら一生懸命《いつしようけんめい》に断《ことわ》る理由を考えたのですが、理由が見つからなかった。それが信心を始めるきっかけです。私の場合は急に変わったのではなく、少しずつ仏法に移っていったのです」

初めて自宅で題目《だいもく》を唱《とな》えてみた時、それまでの生活で使ってきた言葉とあまりに異《こと》なる響《ひび》きに、思わず笑ってしまったという。

「支部長は『もし成功すれば、いいものを見つけたんだ。うまくいかなくても、大した時間のムダにはならないよ』と。念珠《ねんじゆ》なんて手にしたことがなかったし、南無妙法蓮華経《なんみようほうれんげきよう》はイギリス人にとってユニークな言葉ですから、受け入れるのには、やはり時間がかかりました。

まずは一日十分ずつ、朝と夜に題目を唱え始めました。一〇〇日ほど〝実験〟を続けて、半年ほど経《た》った時に学会に入りました。当時は悩《なや》みも抱《かか》えていなかったし、人生のトラブルもないと思っていました。しかし、なにか『物足りなさ』を感じていた。

私は『人生とは何か』を深く理解したかったのです。信心を始めてすべてが変わりました。説明するのは難しいのですが……。後々《のちのち》、わかってきたのは、この人生は、自分自身も環境も自分の心次第《しだい》だ、と考えるようになったのです」

「かつてないこと
だから苦労も多い」

ロバート・サミュエルズが信心を始めた一九七六年（昭和五十一年）は、前章で触れたリチャード・コーストンが、イギリスに戻《もど》った二年後である。

池田は七五年（同五十年）にイギリスを訪れた。その次の訪英は、十四年後の八九年（平成元年）だった。

イギリスSGIの理事長などを歴任してきたリッキー・ベインズは「一九七五年、池田先生はイギリスの地にわずか一泊されただけでしたが、八九年には十二日間、私たちとともに過ごされました」と語る。

「七五年には三十人ほどしか先生に会えなかったのが、八九年は何千人も会えました。また、七五年に先生が会われた公人《こうじん》は一人。八九年は、一日として各界の著名人と会見しない日はないほどでした」

拡大の中心には、リチャード・コーストンがいた。「イギリス人は『質』にこだわります。コーストンさんは『質』も『量』も追求しました。イギリス人の思考を突き抜けた人でした」（藤井和雄、欧州SGI書記長）。

＊

リチャードがイギリスに戻って数年経《た》ったころには、ロンドン市内の会場を借《か》りて月一回行う一般講義が盛《さか》んになっていた。

ある日の式次第——「十界《じっかい》論」「南無妙法蓮華経」「御本尊《ごほんぞん》」「広宣流布《こうせんるふ》」「勤行《ごんぎょう》の目的と実《じっ》践《せん》」「仏教の歴史」の六つの項目が並《なら》んでいる。これにＳＧＩメンバーだけでなく、友人も参加して質疑応答《しつぎおうとう》を行う。テムズ川を下《くだ》る船を借りて仏法セミナーを開いたこともあった。

〈イギリスでは、講義をする講師は相当の力量を持っていなければなりません。たんに質問をてきぱきと処理するだけでなく、七〇〇年前の日本の環境で説かれた日蓮仏法の普遍性《ふへんせい》を、現代のイギリスの環境に例をとって、身近な問題として説明することは、簡単ではありません〉

〈しかし、いくら高度な理論を展開しても、実証《じっしょう》がともなわなければ、本当の確信にはつながりません。私たちは、この〝実証を示《しめ》す〟ことが、実は、理論好きのイギリス人社会で広宣流布を進めていく、本当の鍵《かぎ》であると強く信じています〉（リチャード・コーストンの手記）

平和、文化、教育。池田が掲《かか》げる三つのモットーにも挑《いど》んだ。

シェイクスピアを生んだイギリスは「世界一、演劇《えんげき》を愛する人々」の国である。イギリスＳＧＩは一九七五年（昭和五十年）には「庶民《しょみん》の芸術」であるパントマイム（無言劇）を、七八年（同五十三年）や八七年（同六十二年）にはミュージカルを、仏法思想に基《もと》づいて創作し、ロンドンの中心街やサザンプトンで上演した。すべてＳＧＩメンバーの手作りである。

「先生のスピーチを、コーストンさんと二人で翻訳《ほんやく》していた時のことです」――欧州ＳＧＩ書記長の藤井和雄が下訳《したやく》を手がけ、リチャードが推敲《すいこう》していた。

「コーストンさんが『センセイはこういう表現を使わないはずだ。もう一度確かめてくれないか』と言うのです。日本語の原文を読み返すと、確かに私の訳が不十分でした」（藤井和雄）

　機関誌の「ＵＫエクスプレス」では「自由と民主主義」「戦争と平和主義」「薬の利用と乱用」「家族のかたち」など、さまざまな時事問題を、仏法の眼《め》を通して考える特集を組《く》んだ。

「とにかく、キリスト教が根強い伝統を持つヨーロッパで仏法を弘《ひろ》めるというのは、大変なことです。

　歴史上かつてないことなのですから苦労も多い。こうした進み方を教えていただいたセンセイの指導が、あまりにも適切なことに驚嘆《きょうたん》する思いです」（リチャード・コーストン、一九九〇年十一月二十五日付「聖教新聞」）

　リチャードは紛争《ふんそう》の続く北アイルランドにも、南アフリカにも、海を渡《わた》って折伏《しゃくぶく》に行った。

英国軍人だった私は、イギリス植民地主義の被害者であるこれらの国々に、仏法を弘める責任がある――周りにこう語り残している。

＊

　イギリス中を奔走《ほんそう》しているなかで、思いがけない出会いもあった。

「日本からの交流のメンバーが、ロンドンの自宅に来《こ》られたことがありました。エグチさんと

ロンドン市内を流れるテムズ川越しに、イギリスの国会議事堂ウェストミンスター宮殿を望む（1989年5月、池田が撮影）。「ビッグ・ベン」の愛称で親しまれる「エリザベス・タワー」は、高さ97メートル、文字盤の直径は7メートルで同宮殿に併設された時計台 ©Seikyo Shimbun

いう壮年でしたが、『太平洋戦争の時、ビルマでイギリス軍と戦った』というのです。確かめてみると、エグチさんが行った場所と、夫が覚《おぼ》えていた場所が一致しました」（光子コーストン）

　リチャードが何度も悪夢《あくむ》にうなされた「インパール作戦」――かつてインドシナ半島で殺し合った敵同士が、同じ信仰を持ち、ロンドンで再会したのである。話は尽《つ》きなかった。「今は平和の同志ですね」と言って二人が抱《だ》き合った様子を、光子は忘れられないと語る。

「納得のないところに、団結も勝利もない」

　リチャードが何よりも優先したのは「次

の世代を育てる」ことだった。

大きな行事を控《ひか》え、疲《つか》れた青年部のリーダーが、ある準備を怠《おこた》った。リチャードは声を荒《あ》らげず、こう言った。

「私は軍人だった時、師団《しだん》で車両の輸送計画の責任者だった。もし私が疲れて、計画の手を抜けば、何万という兵士を死なせる結果になった」

――指導者が自分に負けて、やるべきことをしないのは、結果的に仲間を裏切り、陥《おとしい》れることに等《ひと》しい。広宣流布も、仏《ほとけ》と魔《ま》との戦いである……そう言って青年の不備《ふび》を諭《さと》した。

リチャードが陸軍将校として体に刻《きざ》み、学会活動のなかで青年部に語った言葉の数々を、池田はスピーチで共有している。

「彼（リチャード）は語る。

……〝どんなに苦しくとも自己の責任と兵士の信頼を裏切ってはならない。責任感に立って考えれば、危《あぶ》ないところやうまくいかないところ、手配されていないところが見えてくるものだ〟……

自分自身に責任感がなければ、リーダーとして留意《りゅうい》すべきところが見えてこない――みずからの体験に裏づけられたこの言葉は、指導者としての重要な要件を、鋭《するど》く突《つ》いている」（一九八八年のスピーチ、『池田大作全集』第七十二巻）

――第二次世界大戦のイギリスの英雄、将軍モンゴメリーは、戦いを前にしてすべての兵士

御書の研さんに励むイギリスＳＧＩのメンバー（2016年3月、ロンドン近郊）。
宿命転換、人間革命――「希望の哲理」を学ぶ喜びにあふれて

を集め、なぜ戦うのか、現在どのような状況におかれているかを語った。

「説明できないことは、やらせてはいけない。また、納得のないところに、団結も勝利もない」（同）

「〝のみ〟で石をきざむように、こつこつと地道に、そして注意深く進める戦いが、最後は勝つ」（同）

リチャードが伝えた教訓の中には、次のようなものもあった。

――必要な情報を「報告しない」ことや、「不正確な報告」は、敵以上に問題を起こし、敗北につながってしまう。

――軍で大切だったのは、兵の食糧《しょくりょう》、休憩《きゅうけい》、睡眠《すいみん》の計画を第一に考慮《こうりょ》すること。

池田は、この信仰は「さまざまな経験がすべて生かされ、人々に納得をあたえ、信頼を幾重《いくえ》にも

広げる力となっていく。ここにすべてを生かしていく〝活《かつ》の法門《ほうもん》〟としての妙法《みょうほう》のすばらしさがあるといってよい」（同）と語っている。

＊

弘教《ぐきょう》の波は、さまざまな階層《かいそう》、さまざまな境遇《きょうぐう》の人々に広がり始めた。

スティーブン・アルコンは腕利《うでき》きのテレビカメラマンである。「一九八〇年（昭和五十五年）、イギリス全土から十一人が選ばれ、ある軍政下《ぐんせいか》の国に派遣《はけん》されました。その国のテレビ局のスタッフに対して技術研修《けんしゅう》をおこなったのです。期間は数カ月でした」。

二十八歳のスティーブンは、三人のディレクターをサポートしながらカメラの実技《じつぎ》を教えた。

「それまで経験したことのない厳しい状況に陥《おちい》りました。チームの何人かが仕事の条件に不満をぶつけ始め、やがて数人の男性が夕方から集まって酒を飲むようになりました。クレームも受けました」

慣れない環境に加えて、長丁場《ながちょうば》の研修である。チームの雰囲気《ふんいき》は悪くなり、スティーブンも気が滅入《めい》った。「でも、チームのなかで、悲観的な感情に引きずられていない人が一人だけいることに気づきました」。それは、のちにスティーブンと結婚することになるヴィヴィアンだった。

「ヴィヴィアンに『なぜこんな逆境《ぎゃっきょう》なのに明るくいられるのか』と尋《たず》ねると、彼女は創価学会員だったんです。ある日の仕事終わりに、当時、軍政下で合法的《ごうほうてき》に集まれる限度だった『四人』だけの座談会に連れて行ってくれました。私はその時、初めて御本尊《ごほんぞん》を見ました」

〝時間の隙間《すきま》〟を励ましで埋《う》める人

ヴィヴィアンがロンドンで信心を始めたのは、一九七五年（昭和五十年）の年末だった。「私も、職場の同僚にとてもポジティブな人生観の人がいたんです」と振り返る。

「私は彼女に心を動かされて友人になったのですが、彼女は自分が仏教徒《ぶっきょうと》であること、具体的には創価学会員であることを教えてくれました」

「当時、私はドラマやエンターテインメントなど、さまざまな番組のプロダクションアシスタントとして働いていました。彼女が電話で話していると、時折、私の知らない言葉を使っていました。たとえば『ゴホンゾン（御本尊）』とか、ね」。そう言って笑った。

「仕事は楽しかったのですが、私の人生には〝決定的な何か〟が欠けていると感じていました。『なぜ、この世の中では善良《ぜんりょう》な人が苦しみ、なぜ悪人が苦しまないのか』、理解できませんでした。だから、その友人が仏法の宿業論《しゅくごうろん》や永遠の生命観について話してくれた時、道理《どうり》に適《かな》っていると思ったのです」

スティーブン・アルコンは西ロンドンの支部長時代、訪英した池田の車の運転手を務めたことがある。

「先生がチャールズ皇太子と会見された時のことです。あの大きな虹が出た日です。本当に美しく晴れ上がった朝でした。到着後、先生は皇太子の侍従《じじゅう》たちからあいさつされ、皇太子が出てきてあいさつするまでのしばらくの間、外でお待ちください、と言われました。私は運転席で、ハンドルを手に座ってそのやりとりを見つめていました。

　待っている少しの間、先生は逆光《ぎゃっこう》のハイグローヴ・フィールズ（皇太子の私邸）を見つめておられました。そして、私が待機している車の前方まで歩み寄って、車のボンネットをトントンと軽くたたかれたのです」

　池田は運転席のスティーブンに会釈《えしゃく》した。会釈を返したスティーブンは、その時に見た池田の笑顔が忘れられないと語る。

「先生の笑顔には、これから始まる対話を必ず平和のために生《い》かす、今日も師匠である戸田先生（創価学会第二代会長）との約束を果たす、という決意と確信があふれ出ていました。そして先生という人は、ほんのわずかな〝時間の隙間《すきま》〟でさえ、目の前の一人を励ます人なのだと、身にしみてわかりました。

　その直後にチャールズ皇太子が現れ、『池田博士、お目にかかれるのを心待ちにしておりました』とあいさつされました。あの日以来、私の心にはあの先生の姿が焼きついており、今も私を励ましてくれているのです」

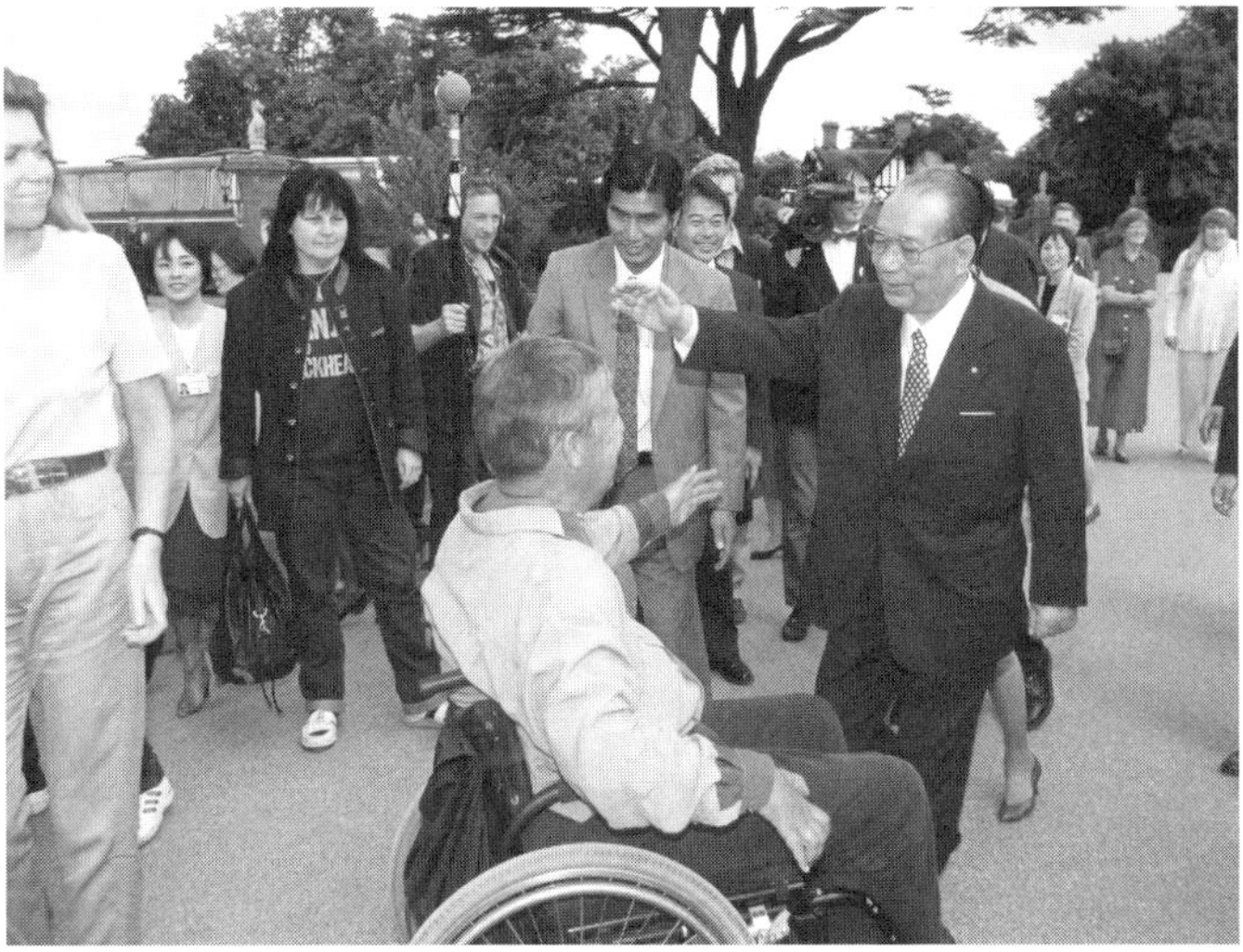

タプロー・コート総合文化センターで出会った車椅子の男性に、ねぎらいと励ましの言葉を贈る（1994年6月）©Seikyo Shimbun

妻のヴィヴィアンは「九四年のイギリス訪問の時、私たちの息子のニッキーにも、先生との出会いがありました」と述懐《じゅっかい》する。

「ニッキーは障《しょう》がいがあり、車椅《くるまい》子《す》に乗っています。先生がタプロー・コートに到着された時、歓迎《かんげい》の合唱《がっしょう》をした子どもたちのグループにニッキーも入っていました。その時、私は人だかりの中にいたので何が起きたのかわかりませんでした。あとでそばにいたメンバーが教えてくれました」

子どもたちが愛唱歌の「フォーエバー・ヤング」を歌い終わった後、池田は集まった人々に声をかけ始めた。

「車椅子のニッキーに歩み寄った先生に、近くのスタッフが『この少年が、先生の運転手を務めるスティーブンさんの息子さんです』と伝えました。その時、先生はニッキーに『お父さんは、偉大な人です。お父さんのような人になってください』と言われたのです」

決められた筋《すじ》書《が》きはなかった

サンダ・マクウィリアムはイギリスＳＧＩの副理事長、欧州ＳＧＩの副女性部長を務めている。一九七四年（昭和四十九年）、カナダのウィニペグという街で創価学会に入った。十八歳だった。

「当時、ウィニペグの学会員は八人から十人ほどでした。私はバレリーナを目指し、ロイヤル・ウィニペグ・バレエ学校に通っていました。ルームシェアをしていたカナダ人の友人から仏法の話を聞いたのです」

サンダはスコットランドで生まれ、小さいころ、両親とともにカナダのトロントへ移住する。

「バレエ学校に入り、ウィニペグに引っ越したのですが、トロント時代には暗い思い出がありました。家族の問題ではありません。家の外で、暴力《ぼうりょく》にさらされたことがあったのです」。

新しい町で、新しい場所で、新しい人たちと新しいことを学び始めた。しかし、新しい気持ちでいられたのは、わずか二カ月ほどだった。

「私の心は、また〝暗い場所〟に帰ってしまいました。〝生きていくこと自体が大変だ、死んでしまいたい〟と思うようになりました。ちょうどそのころ、題目を唱え始めたのです。友人から『この信心は、なんだか楽しいのよ』と言われたのがきっかけです」

「十代後半の、暗闇《くらやみ》に落ちていく自分が、なんとかとどまることができました。その時、自分の中でどういうことが起こっているか、よくわかりませんでした。教学を学んだ今ならわかります。〝あの時は、私にとって祈るべき時だったのだ〟と感じています」

ウィニペグの草創《そうそう》の女子部員として信心を始め、学校を卒業した後は、ヨーロッパのバレエ団と契約《けいやく》するため、ロンドンに渡ろうと思った。

「ロンドンに行く前、契約準備の半年間は毎日三時間ほど題目をあげましたが、とても不思議《ふしぎ》なことに、祈れば祈るほど、バレエを続ける情熱が弱まっていくのを感じたのです。『この仏法のすごさを、自分で証明したい。でも、証明する方法は、必ずしもバレエではないかもしれない』と。ウィニペグからロンドンに来た時、私の荷物はスーツケース一つと御本尊だけでした」

＊

イギリスのパスポートを持っていたので、働き口は探しやすかった。デパートに就職し、女子部の活動に打ち込んだ。

「私がロンドンに来た一九七六年当時、イギリスＳＧＩのメンバーは数百人だったと思います。

それから五年後、強く印象に残る池田先生との出会いがありました。八一年（昭和五十六年）のフランス・トレッツです。私はイギリスＳＧＩの女子部長になったばかりでした」（サンダ・マクウィリアム）

それは、青年部との懇談会の場だった。池田は「質問があれば、何でも言ってください」と言った。サンダは「これから、ヨーロッパの広宣流布はどのように発展させていけばいいでしょうか」と尋《たず》ねた。

「先生は即座に、親指、人差し指、中指を順番に立てて、『信《しん》』『行《ぎよう》』『学《がく》』の三つを強調されました」

信――仏法を信じること。

行――仏法を実践すること。

学――仏法を学ぶこと。

この三つを示した後、池田は日本から同行しているリーダーたちに、「一九五〇年代の日本の草創期のメンバーに、三十年後の現在（一九八一年）の学会の姿が想像できただろうか」と尋ねた。

「先生は『昔の人々に現在の学会の広がりを伝えたら、誰もが笑うでしょう。それは、おかしいからではなく、彼らにとってまったく想像を絶《ぜつ》することだからです』と言われました。

そして『今、ＳＧＩは人々を助ける潮流《ちようりゆう》になっている。三十年前、実際にどういう手を打てばよかったのか。三十年後に向かって、何をすればいいのか。答えられるだろうか』とも尋ねられました。

　ある方が『信・行・学に徹《てっ》する、ということだと思います。そして、みんなで話し合います』と答えました。話し合って出たアイデアが、うまくいけば続ける。うまくいかなければ、そのアイデアはやらないようにする。そうやって時代を創《つく》っていくのではないか、と。その時、先生は『そうだ。広宣流布の運動には〝青写真《あおじゃしん》〟のようなものはなかったんだ。日本でもこれまで、さまざまなことが起きた。あらかじめ決められた〝設計図〟や、こうすればいいという〝筋《すじ》書《が》き〟があったわけではないんだよ』と言われ、だからこそ、根本となる『信・行・学』が大切だということ、心を開いた対話が大切なのだということを、私たちに教えられたのです」（サンダ・マクウィリアム）

　緊張しているヨーロッパ青年部の面々を見つめ、池田は「こういった真面目《まじめ》な話をしたら、食事が喉《のど》を通らないから、食事の後にゆっくり話そう」と笑いを誘った。

「先生が示された『信・行・学』の原則は、どの国でも変わりません。しかし、どう表現するかは、イギリス社会と日本社会とでは異《こと》なる場合があります。この点に、コーストンさんは知恵をしぼっておられました」（サンダ・マクウィリアム）

傲慢《ごうまん》は仏法者の恥《はじ》

一九八一年（昭和五十六年）六月――ヨーロッパＳＧＩの大規模な研修会が開かれた。南フランスのトレッツに十八カ国から五〇〇人が集まった。

初日の「体験談大会」は一時間に及《およ》んだ。英語、ドイツ語、イタリア語の体験談に、池田は席の最前列で耳を傾《かたむ》け、拍手を送った。

池田にとって、満《まん》を持《じ》して臨《のぞ》んだ研修会である。実行委員長は、イギリスのリチャード・コーストンだった。彼が万般《ばんぱん》にわたって取りしきる様子を、池田が記している。

〈（コーストン理事長は）連日、明け方の三時、四時まで準備にあたり、朝は七時過ぎから行動を開始。その不眠不休《ふみんふきゅう》の陣頭指揮《じんとうしき》は、今なお役員の間で語り草となっている。

当年六十一歳。激務《げきむ》は身にこたえたことと思う。青年部が体を心配して早く休んでくださいと勧《すす》めると、物静《ものしず》かな英国紳士《しんし》は厳《げん》として言った。「今、欧州は広布の草創期にある。自分の体をかばっている時ではない」〉（池田のエッセー、グラフ誌「ＳＧＩ」一九八一年八月号）

そのトレッツで池田が講義したのは、「信《しん》・行《ぎょう》・学《がく》」の関係がわかりやすく説かれた「諸法《しょほう》実相抄《じっそうしょう》」だった。

――「信」を深くするための「行学」であり、「行学」は「信」が根本である。この関係を、ゆめゆめ間違えてはならない。

――「行」と「学」は車の両輪《りょうりん》、鳥の両翼《りょうよく》のようなものである。

――〝孤独《こどく》の信心〟で「行」「学」をまっとうすることは、凡人《ぼんじん》には簡単ではない。だからこそ「和合僧《わごうそう》」、励ましの連携《れんけい》が必要になる。

（六月七日の「諸法実相抄」講義から）

「先生の講義でヨーロッパ人として強く勇気づけられたのは、『慢心《まんしん》』や『空理空論《くうりくうろん》をもてあそぶ者』に言及《げんきゅう》された時です」と語るメンバーもいる。

――傲慢《ごうまん》こそ、仏法者の恥辱《ちじょく》である。いかに正義の弁論をもってわが身を荘厳《そうごん》しようとも、その根本は無明《むみょう》＝根本的な無知であり、魔王《まおう》の生命である。

――これまでの三十数年の体験を通してみた時、たとえ御本尊を受持《じゅじ》して、どれほど実践があり、教学に強くても、「信心」のない人は崩《くず》れ去っていった。

人の目にはよく映《うつ》っても、せんじつめれば、その心の奥底《おうてい》を辿《たど》ってみるならば、根本が名《みょう》聞《もん》であったり、名利《みょうり》であったり、役職《やくしょく》と権威《けんい》への欲望であったりして、根本の「信」において、必ず弱さがつきまとっていた。（同）

第三代会長辞任という、最大の逆境を乗り越えて二年。池田はヨーロッパの地に、基本中の基本を打ち込もうとしていた。

この年の五月から七月にかけて、ソ連（当時）、ヨーロッパ、北米を訪れた。北半球一周。じつに六十一日に及ぶ、これまでで最も長い旅である。

池田自身が〈後にも先にも、あの時のような強行日程の旅はなかった〉〈よくぞ、あそこまでできたな、と思う〉（『池田大作全集』第一二六巻）というほどのハードな毎日だった（単行本『民衆こそ王者』第二巻で詳述）。

ヨーロッパの研修会がスタートした「六月六日」は、今も「欧州師弟の日」として親《した》しまれている。

――大学の教授であれ、無名の一庶民であれ、また、法を説くことが苦手であれ、姿、形がどうであれ、「信じる喜び」があるなら、そして「人の幸せを願ってやまない真心《まごころ》」があるなら、立派に折伏《しやくぶく》はできる。（前掲「諸法実相抄」講義から）

英語、フランス語、ドイツ語、イタリア語……同時通訳のブースから、次々と池田の話が訳されていった。まだ建物が狭《せま》かったので、芝生《しばふ》の上に特大のテントを張《は》った。十八カ国から集まった五〇〇人が、池田の話に耳をそばだてている。

「体験は力《ちから》であり、事実であり、確信である」

「あの日の信心懇談会で聞いた、冒頭の『体験は力《ちから》である。体験は事実である。体験は確信である』という先生の言葉は忘れられません」という声は多い。

——「信心」は、教学を深める。「教学」は、広宣流布を開く論理である。

——「題目」は、根本の生きる力である。実際の問題を解決する源泉《げんせん》である。

——「座談会《ざだんかい》」は、広宣流布の波である。「信・行・学」を鍛《きた》える場であり、民主主義の実《じつ》相《そう》の場である。

——組織の役職は「責任職《せきにんしょく》」である。「権威《けんい》職」ではない。

——金銭上の問題は、厳格《げんかく》に、正確に、公正にしなくてはならない。金銭の不正や乱《みだ》れは一切の乱れに通じる。

——男性の幹部の方々は、婦人部の意見をよく聞いていただきたい。

（六月七日の信心懇談会から）

日本でも徹底されているこれらの鉄則は、万国共通である。池田は汗を拭《ぬぐ》うのも忘れ、こんこんと語り続けた。

＊

「二十分の休憩《きゅうけい》をはさみ、二時間にわたって語り続けられた先生の姿は今でも思い出します。その直後の出会いが強烈《きょうれつ》だったので、なおさらでした」

ロバート・サミュエルズは、研修会を運営する「ソウカ・グループ」（日本の「創価班」）の責任者だった。連日、ヨーロッパ各国のリーダーと連携をとり、目の回る忙《いそが》しさである。

「講義の後の懇談会は、素晴らしいケータリング（仕出し料理）の食事を囲《かこ》んで行われました。あの日、行事がすべて終わり、先生は参加者全員を、手を振って見送られました。その後、ケータリングサービスのスタッフ――彼らはＳＧＩメンバーではありませんでした――が帰る時も、先生は彼らのところまで歩いていかれ、見送られました」

「ありがとう」「本当にありがとう」。池田はケータリング業者に御礼を伝え、見送った。

ほとんどの参加者が会場を後《あと》にした。六月のトレッツの太陽は、午後八時を過ぎても陽足《ひあし》が長い。セザンヌの愛したサント・ヴィクトワール山が、池田たちの目の前で、燃えるような紅《くれない》に照《て》らされていた。

池田は建物に戻る道すがら、後片付《あとかたづ》けをしていたロバートら青年部のスタッフとばったり出

ブリック・レーン地区の座談会。この日はイギリス、イタリア、スペイン、ハンガリー、インド、韓国、日本などさまざまな国籍のメンバーが集った（2015年7月、ロンドン）©Seikyo Shimbun

会った。

「イギリスの文化には、『自分が必要とされていない場所に、いてはならない』という感覚があります。私は裏方《うらかた》でしたから、邪魔《じゃま》にならないよう道をよけようと思いましたが、隣《となり》にいた女子部の運営グループのリーダーは――彼女は日本人でした――、ここにとどまり、あいさつすべきだと判断したようです」（ロバート・サミュエルズ）

気づいた時には、池田がロバートたちの目の前に立っていた。

「先生は私の手をとり、話をされている間、ずっと握手し続けておられました。『すべての尽力《じんりょく》に、心から感謝します』と言われ、池田・トインビー対談をいただきました。

一瞬の出来事でしたが、『ここまで心を尽くすものなのか』と胸が熱くなりました。先生は南フランスの灼熱《しゃくねつ》の太陽の下で、何時間にもわたって参加者を励まし続けた後だったからです。あの時の深い、とても深い印象は……言葉にするのが難しい」

――たとえていえば、誰よりも人に尽くす王者の前で、思わず頭を下げたい気持ちになる。そういう感じです――そうロバートは述懐する。

これから二十年
がんばろう

トレッツでの研修会は、フランス、ドイツ、イタリアをはじめヨーロッパの各地に大きな波を起こした。

サラ・ノーマンは、この波の中で創価学会に入った一人である。

「私はロンドンの銀行で働き、中東諸国へのシンジケート・ローン（複数の銀行が提携《ていけい》して行う融資《ゆうし》）を専門としていました。その銀行の同僚《どうりょう》が、ロンドンの北にあるハムステッド地区の座談会に連れていってくれたのです。今でもよく覚えています」

ハムステッドは閑静《かんせい》な住宅地である。その座談会には二十人弱の人々が集まっていた。

「まず年齢層《ねんれいそう》がとても幅広い。そして一人ひとりが、信じられないほど異《こと》なる背景を持った人たちなのです。私はその二つの現実に、殴《なぐ》られるような衝撃《しょうげき》を覚えました。題目の声――それは私にとってまるで、何年も離れていた、古い友人と出会ったような感じでした」

「座談会には私の故郷ニューカッスル出身の人もいました。そうした感動を当時のボーイフレンドに話すと、彼はカトリックやSGIに対してくだらない偏見《へんけん》しか持っていないことがわかりました。私は彼と別れ、一九八二年に御本尊をいただいたのです」

翌八三年、トレッツで再びヨーロッパSGIの研修会が行われた。サラは女子部の地区リーダーになっていた。

「私は運営スタッフの『ライラック・グループ』の一人として研修会に参加しましたが、思いがけない出来事がありました。日本には大きなイベントの時、来賓《らいひん》の胸に『花飾り《はなかざ》』をつける慣習《かんしゅう》がありますよね？　私は池田先生にあの花飾りをつ

「胸章」を着けて第１回ヨーロッパ文化祭の出演者に拍手を送る池田と妻の香峯子。トレッツ市長のジャン・フェロー（右から3人目）をはじめ、地元の記者、カメラマンなど多数の来賓も出席した（1983年6月、トレッツ）©Seikyo Shimbun

ける役目を任されたのです」。

日本人にはなじみのある花飾《はなかざ》りの「胸章《きょうしょう》」だが、ヨーロッパの人はそもそも手にとったことがない。左利きのサラは、慣れないピン留《ど》めに四苦八苦《しくはっく》した。

「冷や汗をかきながらの作業でした。その時先生は少しも嫌《いや》な顔をせず、むしろ緊張しっぱなしの私の気持ちを楽にするためにこう言われたのです。『心配しないでいいよ。将来ヨーロッパのメンバーは、日本のしきたりでなく、地元の慣習《かんしゅう》に従っていくようになるから』と。先生に会ったのはあの時が初めてでしたが、温《あたた》かな心を感じました」

それから五年後、サラはスイスの銀行にヘッドハンティングされたが、やがて銀行を辞《や》めて本屋を開く。

「じつは、ずいぶん前に図書館の司書《ししょ》の資格も取っていました。本屋を開くのは夢だったのです。その時、コーストンさんから『タプロー・コートで働かないか』と声をかけられたのです。タプロー・コートがオープンした時、先生が創立された日本の東洋哲学研究所から四〇〇〇冊の本が寄贈《きぞう》されたので、その目録《もくろく》づくりの依頼でした」

サラは今も週に三日、タプロー・コートに通い、蔵書《ぞうしょ》を整理している。「タプロー・コートに届く定期刊行物は六十冊ほどです。はじめは四〇〇〇冊だった蔵書は、少しずつ増やして今は一万七〇〇〇冊になりました。仏教書の専門の知識が必要になったので、働きながらロンドン大学キングスカレッジで宗教学の学士号を、オックスフォード大学で古典インド宗教学の修

タプロー・コートに集った北欧５カ国の青年部メンバー。研修会では「崇峻（すしゅん）天皇御書」や小説『新・人間革命』を研さんした（2017年11月）
©Seikyo Shimbun

士号をとりました」。

サラはイギリスSGIの地区婦人部長として活躍する傍《かたわ》ら、オックスフォードの担当教授だったリチャード・ゴンブリッチのもとで、同大学にある仏教学研究所の図書館創設にも関わった。

＊

――タプロー・コート総合文化センター。首都ロンドンの西、テムズ川沿《ぞ》いの丘《おか》に立つ。

二〇一七年（平成二十九年）の十一月には、デンマーク、スウェーデン、アイスランド、フィンランド、ノルウェーの北欧五カ国の青年部が集まり、三日間の研修会を開いた。

宗教のみならず、平和、文化、学術の拠点として親しまれている。

「小さな会館で苦労してきたイギリスが、二千年の歴史を刻《きざ》む場所を中心拠点にした姿こそ、

勝利の象徴《しょうちょう》です」（『池田大作全集』第六十一巻）

一九八九年（平成元年）五月、タプロー・コートを初めて訪れた池田は、

「地域に開放していこう」

「〝文化の城〟にしよう」

と提案している。歴史的な建物でもあり、五月から九月まで、毎月の「オープンデー」には市民に広く開放される。

ＳＧＩの会合だけでなく、これまで美術展や「環境開発」の国際会議、「宗教間対話」のシンポジウムや地域行事も開かれてきた。

八九年の開館式——イギリスＳＧＩ書記長だった藤井和雄は、ちょうど二十年前、池田が言った言葉を思い出していた。「先生は一九六九年（昭和四十四年）、イギリスから日本を訪れた私たちに『イギリスはこれから二十年がんばりなさい。その時、大きな会館をつくろう』と言われたのです」。

二十年。先駆者《せんくしゃ》たちはどう生きたのか。池田は誰を励まし、何を語ったのか。歴史のページをひもときたい。

第3章 あきらめない理由——イギリス⑧

ベトナム戦争の地獄から生還《せいかん》しイギリスに戻った青年。

「妙法を世界へ」——高校生の時に聞いた池田の言葉を胸に渡英《とえい》した日本の友。

家族の中で、ただ一人信心に励む友や、結婚を五日後に控《ひか》えた女子部の友も——。

池田の励ましに触れ、青年たちが立ち上がる。

一九六一年（昭和三十六年）、池田が初めてヨーロッパの土を踏《ふ》んだ時、わずか八世帯だった欧州に、人材の花園は大きく広がった。

「私はイギリスで生まれましたが、二十一歳の誕生日はベトナムの戦場にいました。アメリカ陸軍の兵士として、戦車の操縦席《そうじゅうせき》に座《すわ》っていたんです」

そう語るのは、七十一歳になるアンディ・マッケンジーである。二十三年間にわたってイギリスＳＧＩ（創価学会インタナショナル）の中心拠点、「タプロー・コート総合文化センター」の管理者を務《つと》めた。

一九八九年（平成元年）、妻のアニーク、息子のジェームズやギャビンとともに、同センターに池田大作を迎《むか》えた。池田の訪問は九一年（同三年）、九四年（同六年）と続き、合計三回を数える。

とくに九一年は、池田が初めてヨーロッパの土を踏《ふ》んでから、ちょうど三十年の節目だった。

タプロー・コート総合文化センターの開所式に出席。関係者の苦労をねぎらい、記念撮影に臨む池田と妻の香峯子（1989年5月）©Seikyo Shimbun

「心」輝《かがや》けば「人生」も輝く

「……（初めて）ロンドンを訪れたのは、（六一年）十月十三日。その夜、ロンドンのピカデリー・サーカスにほど近いホテルの一室で、ヨーロッパに初めて広布《こうふ》の組織が産声《うぶごえ》をあげた。

この折、イギリスをはじめ、ドイツ、フランス、スイス、イタリアの五カ国の連絡責任者が任命《にんめい》されたのである。このイギリスからのヨーロッパの出発であった。

当時、ヨーロッパ全体でメンバーはわずか八世帯。もちろん会館も一つもない。まことにささやかなスタートであった。

……いずこの世界に、三十年でこれだけの偉大なる歴史をつづった運動があったであろうか。

……本日、次の三十年への壮大《そうだい》なる一歩を、皆

さまとともに踏みだしたい」（一九九一年六月二十五日、『池田大作全集』第七十七巻）

この日、タプロー・コートのスタッフたちの顔がほころぶ一幕《ひとまく》もあった。

「タプロー・コートは広い。掃除《そうじ》だってたいへんである（笑い、拍手）。しかし皆さまは仏法《ぶっぽう》のため、平和と文化のため、自分たちのため、後に続く人たちのために、労《ろう》をいとわず、この城を守ってくださっている。

御書《ごしょ》（日蓮《にちれん》の遺文集《いぶんしゅう》）に照《て》らして、仏法のために、大きな苦労をした人ほど、大きく境涯《きょうがい》を開くことを確信していただきたい」（同）

イギリスの詩人ブラウニングやエミリー・ブロンテに触《ふ》れながら、またシェイクスピアを論《ろん》じながら、池田のスピーチは進んだ。

「外見ではない。立場ではない。『心』がどうか、それこそが根本なのである。『心』輝《かがや》けば『人生』も輝く。『心』暗黒《あんこく》なれば、『人生』も暗黒である」

「忙《いそが》しいときや疲れきっているとき、その他、さまざまな事情で勤行《ごんぎょう》が完璧《かんぺき》にはできないときもあるかもしれない。そういうときは……唱題《しょうだい》だけでもよいと思う。ただ決して、止《と》まらないこと、やめないこと、続けることである」（同）

参加者たちは通訳の声を通《とお》し、池田の一言、一言に耳を傾《かたむ》けている。そのなかにアンディの姿もあった。

「……ベトナムで二十一歳になったあの日、私は戦車の操縦席《そうじゅうせき》でビールを飲み、葉巻《はまき》をふか

しながら、『俺《おれ》は生きて二十二歳になれるのだろうか』と考えていました」（アンディ・マッケンジー）

＊

かつてベトナムは、ラオス、カンボジアとともにフランスの植民地《しょくみんち》だった。第二次世界大戦の後、この三国が独立を目指し、相次《あいつ》いでフランスを破《やぶ》ったのが「第一次インドシナ戦争」である。

アメリカ・ハーバード大学の応用神学部長ハービー・コックスと会見（1992年5月、東京・八王子市）。２人の対話は『21世紀の平和と宗教を語る』（『池田大作全集』第141巻所収）として出版された
©Seikyo Shimbun

次に介入《かいにゅう》してきたのがアメリカだった。この「第二次インドシナ戦争」が「ベトナム戦争」と呼ばれる。

それは典型的《てんけいてき》な「代理《だいり》戦争《せんそう》」だった。ソ連（当時）と中国が「北ベトナム」を、アメリカが「南ベトナム」を支援《しえん》した。

そしてアメリカは最も多

い時で五十四万人もの兵力《へいりょく》を注《そそ》ぎ込《こ》み、敗《やぶ》れ去った。

いざ戦争になってしまえば、どんな優《すぐ》れた頭脳《ずのう》も、なすすべを失《うしな》う。その非情《ひじょう》な道理について池田は「ひとたび戦争が始まれば、『目的が手段を正当化する』というプロセスが際限《さいげん》なく進んでしまうものです」と語る（ハービー・コックスとの対談から、『池田大作全集』第一四一巻）。『理性《りせい》は助けにならない』『人は善《ぜん》をなさんとして悪をなす』――ベトナム戦争に関わったアメリカのマクナマラ元国防長官も、日本、ベトナム、ソ連との戦いの深い反省から得《え》た『十一の教訓』に、この二つを含《ふく》めていました」（同）。

「この戦争はいつ、始まったのか」「いつ終わったのか」「何と呼べばいいのか」。ベトナム戦争は、これらのすべてにさまざまな説がある。第二次大戦の後に起こった最も大きな戦争であり、アメリカの歴史上、最も長い戦争でもあった。

池田は青年部や学生部の総会でベトナム戦争をめぐる提言を重ね（一九六六年と六七年）、ニクソン大統領に「戦争終結」を求める書簡《しょかん》を送った（七三年）。

また、大国《たいこく》のエゴについて、小説『人間革命』に綴《つづ》っている。

〈……要するに大国は、その勢力《せいりょく》の確保《かくほ》と威信《いしん》をかけて、小国《しょうこく》の国土で、小国の住民の犠牲《ぎせい》において戦争を行《おこな》ったのである。朝鮮戦争だけではなく、ベトナム戦争もそうである。

そして、大国の狡猾《こうかつ》さは、それを限定《げんてい》戦争というのである。戦争を限定するなどという、もっともらしい理屈《りくつ》で、小国を戦場化《せんじょうか》し、大国同士の直接的な戦争になることを避《さ》けたのである。

これは、大国が掲《かか》げるイデオロギーには関係なく、自由主義側の大国・アメリカも、共産《きょうさん》圏《けん》の大国・ソ連も、小国を支配下に置いて、影響力《えいきょうりょく》を行使《こうし》していることにおいては同じである〉（第五巻「戦争と講和」の章）

池田が『人間革命』を書き始めたのも、ベトナム戦争の時代だった。

〈……六四年十二月、私は小説『人間革命』を悲惨《ひさん》な戦争の傷跡《きずあと》を残す、平和原点の地・沖縄で書き始めました。

翌六五年一月から連載が「聖教新聞」で始まりましたが、二月には米軍の飛行機による北ベトナムへの爆撃《ばくげき》（北爆）が開始され、ベトナム戦争が一挙《いっきょ》に拡大、ベトナムの民衆だけでなく、若いアメリカ軍兵士たちの犠牲者《ぎせいしゃ》も増える一方でした〉（第二十回「SGIの日」記念提言から、『池田大作全集』第二巻）

この小説『人間革命』が、向こう見ずなアンディ・マッケンジーの人生を変えた。彼が小説とめぐりあった場所は、アメリカのコロラド州だった。

命を軽《かろ》んずるな

アンディは一九四七年（昭和二十二年）、イギリスのベックナムという町に生まれた。

「十九歳の時、〝今までと何か違うこと〟を体験しようと思い立ち、アメリカに渡りました」

六七年（同四十二年）三月。アメリカによる北ベトナムへの爆撃が、最も激しい時だった。

「アメリカ政府は多くの若者を軍に入隊させて、彼らのほとんどが戦地へ送られていました。私の家族や友人は『いまアメリカに行ったら、必ず招《しょう》集《しゅう》されてしまう』と止めましたが、私は言うことをきかず、アメリカのミネソタ州に向かいました」（アンディ・マッケンジー）

ミネソタで半年ほど働いた。案《あん》の定《じょう》、軍から連絡がきた。怖《こわ》いもの知らずの二十歳のイギリス人は、アメリカ軍で四カ月、訓練を受ける。そして戦車の乗組員として、ベトナム行きを命《めい》じられた。期間はちょうど一年間である。

「私は戦場に向かう前、一カ月の休暇《きゅうか》をとりました。イギリスの家族や友人は『飛行機に乗ってイギリスに逃げてこい』と必死で勧《すす》めてくれたのですが、私は軍隊を選んだのです」

アンディがアメリカ軍に招集された九日後、ベトナムでは、北から南に対する大反撃《だいはんげき》――テト攻勢《こうせい》――が始まった（一九六八年一月三十日）。

それまでアメリカでは「戦争はもうすぐ終わる」と言われていた。しかし、そうした噂《うわさ》がまったくのデタラメだったことがわかった。南ベトナムの首都サイゴンにあったアメリカ大使館が占拠《せんきょ》されたのである。この「テト攻勢」を機《き》に、ベトナム戦争の潮目《しおめ》は大きく変わっていった。

「テト攻勢の半年後、私はベトナム戦争のまっただ中にいました。そして、なぜ友人や家族が、戦場に行くことを思いとどまるように言ってくれたのか、思い知ったのです。

ベトナム戦争における「テト攻勢」で、応戦する南ベトナム軍の兵士
（1968年2月、サイゴン市内）©読売新聞／アフロ

しかし私はすでに戦場にいました。『ああ、あと三六四日でここを離れられるんだぞ！』と自分に言い聞かせ、残りの日々を無傷《むきず》で過ごし、アメリカに戻《もど》れるように願いました」（アンディ・マッケンジー）

＊

すでにベトナム戦争の終戦に向けた「パリ和平会議」が始まっていた。戦場は悲惨《ひさん》だったが、アンディは幸運だった。地獄《じごく》のような十一カ月を生き抜いた。

あとひと月になった時、上官から「戦場にとどまる期間を、あと三十五日間だけ、延長《えんちょう》してほしい」と頼《たの》まれた。「延長すれば、アメリカに帰った後、ただちに除隊《じょたい》です。しかし延長しない場合、兵《へい》役義務《えきぎむ》は二年間だから、さらに五カ月以

上、軍の中で過ごさなければならない。どちらか選べ、というわけです。戦場の友人は『せっかくこれまでやってきたんだ。たった三十五日だ』と励ましてくれましたが、私の思いはこうでした。『国内で軍務《ぐんむ》をまっとうする五カ月間は、戦場で殺されるより、はるかにマシだ！』と。

私がアメリカに戻った日付は忘れられません。一九六九年七月二十一日。そう、ベトナムからアメリカへ帰る飛行機の中で、パイロットが〝本日（七月二十日）、アポロ十一号が月面に着陸しました〟とアナウンスしたのです」（アンディ・マッケンジー）。

アメリカ本土に戻り、配属《はいぞく》された職場はコロラド州のフォートカーソン基地《きち》だった。「友人は一人もおらず、私は私の軍の履歴《りれき》を管理している書記官《しょきかん》と知り合いになりました。その彼が創価学会員だったのです」。

夏の夜、興味《きょうみ》本位《ほんい》で座談会《ざだんかい》について行った。「みんなで題目《だいもく》を唱《とな》えているのですが、初めて聞いた時は永遠に終わらないのかと思った」と笑って振り返る。

参加者の一人から「この信仰ではあなたの望《のぞ》むものは何を祈ってもいいんだよ」と言われた。「当時の私は物質主義《ぶっしつしゅぎ》の考えで、『そんなに都合のいいことが〝無料〟でできるのか。だったら試してみよう』というくらいの思いでした。しかし、あのコロラドでの座談会が、信心を始めるきっかけになったのです」。

＊

アメリカSGIでは、ベトナム戦争当時の弘教《ぐきょう》の広がりを「〝ヒッピー〟から〝ハッピー〟へ」というキーワードで語られる。

それまでの社会や価値観を否定し、「自由」を求めてさすらう「ヒッピー」たちが、さまざまな縁《えん》で日蓮仏法《にちれんぶっぽう》を知り、人生の道を変えていく――アンディもまた、その大きなうねりに触れた一人だった。

「私は陸軍褒章《ほうしょう》メダルとブロンズスター・メダル（青銅星《せいどうせい》賞）を授与《じゅよ》されて軍を除隊《じょたい》しましたが、それからしばらく、コロラドとミネソタに住みました。創価学会に入って三週間ほど経《た》って、ほしいと祈っていた乗用車《じょうようしゃ》が手に入り、デンバーやロサンゼルスでの大きな総会にも、多くのメンバーや友人を乗せて参加しました。デンバー文化会館のオープニングも手伝いました。

そして一九七〇年、アメリカで思いもかけずめぐりあった御本尊《ごほんぞん》を受持《じゅじ》して、祖国のイギリスに帰ったのです」

「〝仏法の眼《め》〟で振り返ってみると、私にとって戦争の真の恐怖《きょうふ》とは、『何千人もの若い男性』が、自ら求めていないにもかかわらず、殺すことを訓練《くんれん》され、いっぽうで彼らに会ったこともない別の『何千人もの若い男性』が、同じく人を殺すために戦場に送り込まれる、ということです。

また、創価学会に入ってしばらくしてから気づいたことがありました。それは、人間があの戦場のような状況に置かれると、『生命はとてもチープ（安っぽい）なものになる、軽《かろ》んじられる』ということです。さらに、自分自身の命にさえ価値を見いださなくなり、他人の命も投げ捨てるのです。

それらはすべて、本来は人々を守るためにある権力を持った人々が、話し合いの代わりに若者を戦場に送り、死をもたらす決断をすることによって起こります。

だから私は池田先生の『人間革命』の冒頭――戦争ほど、残酷《ざんこく》なものはない。戦争ほど、悲《ひ》惨《さん》なものはない。だが、その戦争はまだ、つづいていた。愚《おろ》かな指導者たちに、率《ひき》いられた国民もまた、まことに哀《あわ》れである――この文章を初めて読んだ時、全面的に同意したのです」

（アンディ・マッケンジー）

一九六九年の約束

二十年後、大きな会館を――池田がイギリスのメンバーに語った一九六九年（昭和四十四年）は、日本から「世界」を志《こころざ》す学会員が増えた年でもある。この年の八月に結成された、

「二〇〇〇年会」

と呼ばれるグループがある。

六九年の終戦記念日に、東京で第二回「高等部総会」が行われた。高校生の代表一万数千人

東京・両国の日大講堂で開催された第2回「高等部総会」。席上、池田は「西暦2000年に再び集おう」と呼びかけ「2000年会」が結成された（1969年8月）。2000年9月15日に同会の記念総会が行われ、4000人のメンバーが再会の約束を果たした ©Seikyo Shimbun

が、全国から日大講堂に集まった。

池田は彼らに五つの指針を語った。そのうちの一つは、「諸君の学問の道を阻害《そがい》する第一の敵は病弱《びょうじゃく》である」というものだった。

――学ぶ道をふさぐ最大のものは、「社会」や「自分の家庭」の事情などのように思いがちだ。しかし、そのような障害《しょうがい》はまだ小さいといっていい。むしろ健康が崩《くず》れて生命力が弱くなった時、足踏《あしぶ》みしてしまうものだ。

仏法で「色心《しきしん》不二《ふに》」といわれるように、学問と健康は不二であると考えるべきです――

――私は少年時代、青年時代、病弱で本当に損《そん》をしました。その同じ轍《てつ》を、諸君には絶対に踏《ふ》ませてはならないと思っております。

諸君は、いつ、いかなるときでも健康に留意《りゅうい》し、鋼《はがね》のような身体を鍛《きた》えあげてほしい。また、鍛えあげていかねばならない、と私は強く申し上げておきたい――

十代後半の子どもたちに対する、心からの訴《うった》えだった。

＊

また池田は、恩師《おんし》である戸田城聖《じょうせい》（創価学会第二代会長）が唱えた「地球民族主義《ちきゅうみんぞくしゅぎ》」にも触れた。その話のカギは「言葉の壁《かべ》」だった。

――この地球は、世界民族主義の姿をとっていくことは間違いない。その世界へ自由自在に飛び立つためには、外国語の一つや二つに通達《つうたつ》しなければ、どんなに優《すぐ》れた才能、技術に恵《めぐ》まれていたとしても、その力《ちから》を発揮《はっき》できない。世界民族主義への、最も現実的で、確かな第一歩は「言語の壁を乗り越える」ことにあると私は思っている。

人種の違いも、慣習《かんしゅう》の違いも、風土《ふうど》の違いも、距離《きょり》も、そんなに大きな壁ではない。

「生命の世紀」の先駆者《せんくしゃ》である諸君が、言語の壁を克服《こくふく》できなかったなら、世界民族主義の実《じっ》践《せん》は不可能だ。諸君は、平和のために妙法《みょうほう》を広める〝使徒《しと》〟である――

さらに、池田は長い人生で「退転《たいてん》してはならない」とも訴えた。

――ちょっと暑《あつ》いから退転しよう（笑い）とか、少しのことで感情的になったり、会合へ行くのが遠くて大変だから退転しよう（笑い）というのはわがまますぎる。わがままな修行《しゅぎょう》など、どこにもない――

この日、池田は二万人近い参加者に、三十一年後の「西暦《せいれき》二〇〇〇年に、もう一度、集《つど》おう」と提案した。

三十年という、一つの世代をまたぐ大きな約束。これが「二〇〇〇年会」の由来《ゆらい》となった。

「あの日、私は東京の新小岩駅からバスに乗って日大講堂に向かいました。思ってもいないような大人数で、とにかく会場が暑かったのを覚えています」

欧州SGI副女性部長の美智子サミュエルズが語る。

東京の葛飾《かつしか》で、四人きょうだいの末っ子として生まれた。「喘息《ぜんそく》に悩んでいた母が、家族で最初に創価学会に入りました。母が喘息を克服していく姿を見て、私も十一歳の時に信心を始めました」。

＊

「あの高等部総会では、『妙法を広める使徒として、世界の檜舞台《ひのきぶたい》へ』という先生の呼びかけに体中が震《ふる》えました」と振り返る。「今では、世界中の情報がリアルタイムで日本に入ってきますね。でも、当時は『世界』といわれてもイメージすることすら難しかったですから」。

もともと英語が好きだった。共立女子短大の二部に入り、働きながら学んだ。小さな貿易会社に勤《つと》めた後、二十四歳でイギリスに渡った。

「オーペアという制度があって、外国の子女《しじょ》をイギリスの家庭に招《まね》いて、家事や子守《こもり》をするかわりに、宿泊と食事を世話してくれるのです。ちゃんとしたシステムで両親も納得《なっとく》してくれました。
一年ほど暮らせば英語も上達《じょうたつ》するだろうと思っていたのですが、増上慢《ぞうじょうまん》でした。そもそも相手の言っていることがわからないのです。自分はいったい何を勉強してきたんだろう、もう少し長く滞在《たいざい》したい、と祈った結果、ダンヒル社に就職できました」

ロンドンに日本人観光客が増え始めていた。「英語と日本語が話せる人」という条件で、イギリスを代表するファッションブランドに採用され、必死で働いた。「あの二年半が最高の英語の学校になった」という。ロンドンの女子部として弘教《ぐきょう》に励み、充実した日々が続いた。

「はじめは、英語が上達したら日本に帰って、いい仕事につけるんじゃないか、と思っていました。要《よう》するに、得られるだけのものを得たら、さっさと日本に戻ろうとしている自分がいたのです。

しかし、一九八三年の夏――イギリスに来て七年目でした――女子部の先輩に相談した時、自分が力《ちから》をつけられたのも、信心を鍛えられたのも、イギリスＳＧＩの皆さんに支えられたからだ、ということに気づきました。ここまで助けていただいたのだから、もし自分が役立つのであれば、と思い、永住《えいじゅう》を決めました」

エゴを乗り越えよ

青空の下、メンバーとともにラジオ体操をする池田。多忙な合間を縫って青年たちと触れあう機会をもつ（1991年6月、ロンドン近郊）©Seikyo Shimbun

夫であるロバート・サミュエルズの母に弘教したいと思っていた美智子は、池田から「焦《あせ》ってはいけない」と諭《さと》されたことがある。「先生は『日本でも、青年部が自分の両親を焦って信心させる場合があるが、焦った人は信心が続かない。それよりも〝愛される嫁《よめ》〟になりなさい』と言われました。夫の母は今、正式なＳＧＩメンバーにはなっていませんが、毎朝、起きると題目を唱えるようになりました」。

　リーダーとしてのあり方を親身《しんみ》になって教えてくれたのは、イギリスＳＧＩの中心者であるリチャード・コーストンだった。

「私がまだ駆け出しの女子部員だった時、ある地区の担当になったのですが、うまくいかず悩みました。私はコーストン理事長に『どうしてこの地区を盛《も》り上《あ》げられないのでしょうか？』と尋《たず》ねました」（美智子サミュエルズ）

リチャードは美智子に「あなた自身のそうした〝エゴ〟を乗り越えることだよ」と諭《さと》した。

戸惑《とまど》う美智子に、リチャードは続けた。

「創価学会の幹部は何を優先《ゆうせん》しないといけないか。それはメンバーの幸せだね？　どのようにしたら、皆が信心を続けていけるのか――これが『最優先《さいゆうせん》の条件』だよ。ミチコ、自分のエゴを捨てなさい」

「あの時のコーストン理事長の指導は厳しかったけれど、本当にそのとおりでした。優先順位が間違っていたんです。苦労した地区でしたが、今は一つの方面にまで広がっています」（美智子サミュエルズ）

美智子の夫のロバートも、一度だけリチャード・コーストンから叱責《しっせき》されたことがある。

ロバートは二十年ほど高校教師をしていた。勤めていた高校は、校長が出勤態度《しゅっきんたいど》にとても厳しかった。授業がない日も、休みがなかなかとれなかった。

ある年、どうしてもＳＧＩの夏の研修会に参加したいと思い、校長に相談したが、「ノー」と言われた。ロバートはリチャードに相談した。

状況を聞いたリチャードは「心からその校長先生を尊敬して、彼の仏界《ぶっかい》（仏の生命）を信じて、もう一度、話しに行きなさい。それでもダメなら、無理をしてＳＧＩの研修に来る必要はない。校長に従《したが》いなさい」と言った。

ロバートは「どうせあの校長に言ってもダメだ」と吐《は》き捨《す》てるように言った。その瞬間、リチャードから、それまで経験したこともない剣幕《けんまく》で叱《しか》られた。

「信じなければいけない」——その時のリチャードの一言が、ロバートは今も忘れられないと語る。

　ロバートは心を入《い》れ替《か》えて、もう一度校長に掛《か》け合《あ》った。答えは「ＯＫ」だった。

＊

　中央ロンドン方面で総合婦人部長を務める環《たまき》パテルも「二〇〇〇年会」の一人である。

　長崎の佐世保《させぼ》で生まれた。環は四人きょうだいの二番目だが、一番上の兄の記憶はない。

「私の兄は三歳の時に亡《な》くなりました。両親にとって長男坊《ちょうなんぼう》でした。兄の死が、私たち家族が学会に入ったきっかけです」。

　環の両親は、家の二階を貸間《かしま》にしていた。その部屋を借《か》りていた女性が学会員だった。

「夕刻になると二階から静かに聞こえてくる勤行《ごんぎょう》や題目の声が、母の心に響《ひび》いたそうです。母は自分も長男の冥福《めいふく》を祈りたいと思い、彼女に『何を唱えているんですか？』と尋ねました。昭和三十四年の夏のことです。長男を亡くした悲しさを乗り越えるための信心でした」

　環は一九六九年（昭和四十四年）の高等部総会で「外国語を、一つの国の言語をマスターしよう」という池田の言葉が心に残ったという。この総会の五年後（一九七四年）、二十一歳でイギリスに渡った。

「イギリスで暮らすようになって二番目に折伏《しゃくぶく》した相手が今の夫です」

夫のマヘンドラ・パテルは、中央ロンドン方面の総合壮年部長を務める。これまで三十年以上、イギリス貴族院《きぞくいん》（上院議院）を警備《けいび》する仕事に就《つ》いてきた。

インドのグジャラート州でヒンズー教の家庭に生まれ、二歳の時、家族そろって東アフリカのタンザニアに移り住んだ。タンザニアは当時、イギリスの植民地だった。医師だった祖父が、イギリス政府から派遣《はけん》されたのである。マヘンドラは十二年ほどタンザニアで暮《く》らした後、ロンドンの大学を卒業した。

マヘンドラと環は、東京で結婚式を挙《あ》げた。

「昭和五十六年の一月、来日した私たちは、学会本部で先生と会う機会がありました。私たちの隣《となり》にハワイから来た日系人の方がおられ、先生とのやりとりを夫に通訳してくれました。先生から結婚記念の品と、色紙をいただきました。『幸薫《さちかお》れ　環《たまき》　桜《ざくら》は　イギリス山に』と『水の流れゆく　幸への　信心を』の二枚です。夫は信心を始めたばかりで、まだ何の役職もなかったのですが、『ここまで励ましてくれるものなのか』と感動していました。私も信じられない思いでした」（環パテル）

それから三十年にわたって二人が担当してきたケンジントンの組織は、三人から始まり、今では三つの本部に広がっている。

散策のひととき（1994年6月、タプロー・コート）。帰国の前日、池田はイギリスの学会員に「皆さまの　真心うけて　イギリスの　広布の歴史は　いやまし光りぬ」と感謝の和歌を贈った ©Seikyo Shimbun

「マミー、ゴンギョウ（勤行）」

ベトナムの戦場から生還《せいかん》し、イギリスに戻ったアンディ・マッケンジー。一九七二年（昭和四十七年）、七三年（同四十八年）と、池田の行動に間近《まぢか》で接することになる。

この二年間の最大の取り組みは、歴史家トインビーとの対談だった（単行本『民衆こそ王者』第十四巻で詳述）。その合間《あいま》に組《く》まれた数多くの行事に、アンディは運営《うんえい》スタッフの一人として携《たずさ》わった。

「先生の行動はいつも変わらなかった。誰と会っている時も、正直で、威厳《いげん》があるのです。かといって決して〝特別な人間〟ではない。ずいぶん経《た》ってから、小説『新・人間革命』を読んで、あのトインビー対談の最中、先生はどれほど疲労《ひろう》が激しかったのかを知りました。

七二年と七三年は、トインビー対談が進行中だったにもかかわらず、私たちスタッフを含《ふく》め、出会ったすべての学会員のことを可能なかぎり、気にかけられました」

池田はトインビーとの対談や準備の時間をこじ開けるようにして、「聴《き》く時」をつくった。

イングランド北西部のランカシャー州に住むユキ・ヒル。豊かな炭田《たんでん》に恵まれ、綿工業《めんこうぎょう》が盛《さか》んな大工業地帯の一角で、夫とともに信心に励《はげ》んできた。七三年当時は地区婦人部長を務め、家族のなかで彼女一人だけが学会員だった。そのことを池田に相談した。

「あの懇談の後、何か問題が起きるたびに『あなたが一人、信心していれば、家族が全員守られるよ』という先生の言葉を思い出しては、家族のために題目をあげました。さまざまな問題を抱《かか》えた家族でしたが、一つずつ課題を乗り越えてきました。〝トインビー対談〟のための先生のイギリス訪問が、私にとっての原点になったのです」

女子部員だったヤスコ・ペリー。「五日後に迫っていた結婚を先生にお伝えしました」と語る。「おめでとう！　ご主人によろしく」。池田からの伝言に、同じ信仰に励む夫との話も弾《はず》んだ。

地区婦人部長を務めるヤスコは「三人の息子、一人の娘も成長しています。これからも悔《く》いのない人生を過ごしたい」と語る。

*

パット・ディバインはロンドン北部のエドモントンで美容室を経営していた。七二年に信心を始めたばかりだった。

「七三年の五月、トインビー博士との対談を終《お》えた先生が、ロンドンからパリに発《た》たれる際、何人かのメンバーを車に乗せて空港まで見送りに行きました」

ヒースロー空港のロビーで、池田は集まったメンバーと握手し始めた。パットは「私はまだ信仰を始めたばかりだから」と遠慮《えんりょ》した。

皆の列から一歩後ろに下がったパットの姿が、池田の視界に入っていた。池田は最前列の人《ひと》波《なみ》を縫《ぬ》ってパットのほうに一歩踏みだし、彼女の右手を握《にぎ》った。

「先生は私に『ありがとう、ありがとう、ありがとう』と何度も繰り返されました。当時、私は先生について『創価学会のリーダー』だということ以外、よく知りませんでした。ただ、ロンドンの座談会で先生の話を聞いていたので、『会っていないのに、この人を知っている』と感じてはいました。

目が合った瞬間の、あの印象は言葉にしづらいのですが、私は『先生が私の人生を見ている』と感じたのです。そして『私は、この人を信頼することができる』と。

その後の人生は、娘のトキソプラズマ症《しょう》（感染症の一種）、結婚の問題、母親を失った悲しみ、自分自身の病気、仕事の課題など、困難《こんなん》につぐ困難でした。すべて克服《こくふく》できたのは、あのヒースロー空港の瞬間を思い出すたびに『先生が見ているのだから、何があっても絶対にあきらめない』と思い直せたからだと思います」

娘に助けられたこともある。「私が些細《ささい》なことで怒っていたら、まだ幼《おさな》い娘が『マミー、ゴンギョウ（勤行）』と言って、御本尊《ごほんぞん》を指《ゆび》さしたのです」。

創価学会の信仰に大反対だった夫も、少しずつ心を開いていった。ＳＧＩメンバーではないが、題目を唱えるようになった。年末になるとパットに「タプロー・コートで行われる新年勤《ごん》行会《ぎょうかい》の入場券は来ているか？」と尋ね、毎年、家族で参加している。

「夫は悩んでいる友人を見つけると、家に帰ってきて私や娘にそのことを話し、『彼に仏法の話をしたほうがいいよ』と勧《すす》めるのです。夫は〝ポイズン・ドラム・リレーションシップ〟なんですよ」。パットはそう言って微笑《ほほえ》む。

〝信仰に反対することによって、仏法と逆縁《ぎゃくえん》を結《むす》ぶ〟ことを「毒鼓《どっく》の縁《えん》」と呼ぶ。英語圏《けん》では「毒の鼓《つづみ》」を「ポイズン・ドラム」、「縁」を「リレーション」と訳している。

パットは婦人部のリーダーとしてアイルランドや地中海に浮かぶキプロス共和国を定期的に訪れている。

「今、これらの国々にもＳＧＩメンバーがいることを誇りに思います」「課題がある時はいつも、『この状況で、池田先生なら何をされるだろう？』と思いながら題目を唱えています」

タプロー・コートで盛大に行われたイギリスＳＧＩの新春の集い。未来を支える子どもたちも元気いっぱいに参加した（2018年1月）

「何でも相談できる人を一人、心に置いておくこと」

上村レイ子は二十歳の時、兵庫の尼崎《あまがさき》からイギリスに留学した。神戸のガールスカウトに入っていたのがきっかけだった。

「若くして日本を出た私は、親友と呼べる友だちがいませんでした。『友だちをつくりたい』と思いながらロンドンの女子部で活動していました」

「七三年、先生がイギリスを訪問された際、女子部のスタッフ五人ほどで、日本から来た皆さんのために夜食のお弁当を届けました。その時、懇談してくださった先生は、フランス女子部の荒巻要《かなめ》さんに『月に一回は日本のご両親に手紙を書きなさい』と言っておられました。

そして私を指《ゆび》さして『このお姉さんとお友だち

になりなさい』と言われたのです。本当にびっくりしました。荒巻さんとはイギリスとフランスで離れていますが、今でも大切な親友です」（上村レイ子）

その後、荒巻要は夫の晃とともに約三十年、フランス・トレッツの欧州研修道場で管理者として勤めあげた。七三年の懇談が、信仰の原点の一つになった。

＊

後年、池田はイギリスで「なんでも相談できる人をもとう」と話したことがある（「第二回ヨーロッパ・アジア交流会議」、一九九四年六月十日）。

「事《こと》がおこったときに、友だちのあるのは楽しい」（『ブッダの真理のことば　感興のことば』中村元訳、岩波文庫）

この釈尊《しゃくそん》の言葉を通して、「何かあった時に相談できる人が、身近にいるかどうか。いろいろな問題があっても、よき友・よき先輩に率直《そっちょく》に相談していける人は、見ていて安心である。反対に、見栄《みえ》を張《は》ったり、遠慮《えんりょ》したりして、だれにも相談できず、一人で悶々《もんもん》と悩んでしまう場合は心配である。また、かわいそうである」と語った（『池田大作全集』第八十四巻）。

「（日蓮）大聖人《だいしょうにん》は『すこし健《けなげ》の者も独《ひとり》なれば悪《あ》しきみちには・たうれぬ』（御書一四六八ページ）――少しぐらい壮健《そうけん》な者でも、一人きりであれば、険《けわ》しい道には倒《たお》れてしまう――と仰せである。

その意味において、戸田先生はよく言われていた。『人生には、さまざまなことがある。ゆ

えに必ず、何でも相談できる人を一人、心に置《お》いておくことが大事である』と」（同）

「……青春の世界には、危険な落とし穴も多い。そのなかにあって、〝何でも相談できる人を一人もつ〟ことは、いつでも避難《ひなん》できる『安全の門』をもつことになる。きょうは、このことを一点、訴えておきたい。

とともに、皆さま方も、『何かあったら、あの人に相談すれば大丈夫だ』と、内外を問わず、皆から信頼される人に成長していただきたい。

〝理解のある人〟〝慈愛《じあい》のある人〟〝ウソのない人〟〝口の堅《かた》い人〟、そして〝福運のある人〟――そうした人には、皆、安心して何でも相談できる。そういう『人間学の賢者《けんじゃ》』のスクラムを広げていただきたい」（同）

――池田がこの話をした半年後、イギリスＳＧＩの大黒柱《だいこくばしら》だったリチャード・コーストンが、七十四歳でこの世を去った。その後のイギリスＳＧＩを支え続けてきた一人が、現在、欧州ＳＧＩ書記長を務める藤井和雄である。

石川県の金沢で生まれ、東京の北区で育《そだ》った。イギリスに渡った理由は「英語を学びたい」からでも、「世界を見たい」からでもなかった。

日本から遥《はる》か遠い異国《いこく》の地で死んだ、兄を弔《とむら》いたい。それだけが理由だった。日本を発《た》ったのは、十九歳の春である。

第4章 笑顔を忘れるな

——イギリス⑨

マン島での事故で命を落とした、オートバイ・レーサーの兄・敏雄の追善《ついぜん》のため、ヨーロッパへと向かった弟の藤井和雄。後に和雄はイギリス創価学会の男子部長となり、イギリス中を駆け回ることになる。

この若きリーダーに池田が繰り返し語ったのが、「君よ、笑顔を忘れるな」との一言だった。

「今、私たちはイギリス全土の六〇〇近い会場で座談会《ざだんかい》を開いています。でも私がイギリスに来た昭和四十三年ごろ、座談会場は一つだけ、ロンドンにしかありませんでした。座談会にやって来る学会員の数は二十人くらいだったと思います」

そう語る藤井和雄は、欧州《おうしゅう》ＳＧＩ（創価学会インタナショナル）の書記長を務《つと》めている。一九七一年（昭和四十六年）、二十三歳でイギリス創価学会（当時）の初代男子部長になった。

池田大作と初めて長く言葉を交《か》わしたのは翌年、二十四歳の春だった（一九七二年五月）。

「民衆運動には新聞が必要だよ」

「あの懇談はトインビー博士との一度目の対談の合間でした。一日の予定が終わった後に、

イギリス代表者会議の席上、池田の運転手を務めたトニー・ハートをねぎらい、握手を交わす（1975年5月、ロンドン）©Seikyo Shimbun

宿舎《しゅくしゃ》で三十分ほど時間をとっていただきました。

当時、先生の車の運転はトニー・ハートさんという六十歳前後の壮年にお願いしていました。彼は学会員ではありません。先生がそのトニーさんにも声をかけて一緒にお茶を飲んだこともあります。立場による分け隔《へだ》てなど一切ない先生の振《ふ》る舞《ま》いが、トニーさんの心に強烈《きょうれつ》に焼きついたようです。

それから数年後、先生がロンドンに来られた時、もうトニーさんは運転手ではなかったのですが、先生はトニーさんと家族を招《まね》いて交流を重《かさ》ねてこられました。そうした光景《こうけい》を間近《まぢか》に見てきたことで、私は仏法者としての振る舞いを一つずつ教わったように思います」（藤井和雄）

七三年（同四十八年）の五月――池田は七二年（同四十七年）に続き、トインビーと会うために再びロンドンへ。二年越しの対話に臨《のぞ》んだ。

藤井和雄はその二年ほど前から、タブロイド版の機関誌《きかんし》を作り始めていた。「UKエクスプレス」と名づけた。「ある時先生がおっしゃった『マルクスも新聞を作った。民衆運動には新聞が必要だよ』という一言がきっかけでした」。

十ページ建ての誌面に、和雄たちは〈一九七三年五月の七日間〉〈日々のレポート〉と見《み》出《だ》しを打った。

池田は連日、「人類の百科事典」（政治学者の河合秀和、単行本『民衆こそ王者』第十四巻）と言われるほど多くのテーマ群《ぐん》をトインビーと話し合った。とともに、その時間を縫《ぬ》うようにしてイギリスの学会員たちの悩みを聞いた（同巻で詳述）。人と会えない夜更《よふ》けになれば、各地で奔走《ほんそう》している学会員たちの顔を思い浮かべながら、それぞれの状況、それぞれの心に合った揮毫《きごう》や短文を綴《つづ》る。日付をまたいで宿舎の机に向かい続けた。

日中に空き時間を見つけた時は、いずれも短い時間ながら、ロンドンの〝庶民《しょみん》が集まる場所〟に足を運んだ。「UKエクスプレス」の若い記者やカメラマンたちは、イギリス人の生活を少しでも知ろう、触れようとする池田の様子を垣間見《かいまみ》て、生き生きとその動向を記している。

地味《じみ》な「対話」が「平和」の道を開く

五月十四日、月曜――記事はフランスのパリからロンドンのヒースロー空港に着いた池田に、四人のメンバーが花束《はなたば》を贈《おく》った場面から始まる。この日の夜は、テムズ川にかかるロンドン橋の北にあった、ロンドン最大の魚市場《うおいちば》「ビリングズゲート」を視察《しさつ》している。

十五日、火曜――トインビーとの二年越しの対話が再開。「アフリカ大陸の可能性」「殉教《じゅんきょう》の意味」「日本の未来」などを語り合った。夕刻には妻の香峯子《かねこ》とロンドン最古の公園、セント・ジェームズ・パークを歩いた。

十六日、水曜――午前の対話では「ナショナリズムとキリスト教」「一神教《いっしんきょう》と多神《たしん》教」などがテーマに。トインビーが「宿命《しゅくめい》論」を切り出したのはこの日である（同巻で詳述）。その後、池田はロンドン市街を一望できるパーラメント・ヒル・フィールズを散策《さんさく》。夕刻にはロンドン中央にあるリージェンツ・パークに向かった。

和雄たちが手がけた誌面には、ふんだんに写真や証言も織《お》り込《こ》まれている。池田が白人男性から赤《あか》ん坊《ぼう》を抱《だ》っこしてくれないかと頼まれ、その子を抱き上げる様子。妊婦《にんぷ》のメンバーに何度か題目《だいもく》を口ずさんで「どうか福運《ふくうん》のある、元気なお子さんを産《う》んでください」と声をかける場面。本を手に熱心に何かを語る白人青年と、見つめ合う一瞬。池田が机の前でペンをとり、揮毫《きごう》する様子を周りで静かに見つめる人々……。

十七日、木曜――この日はトインビーとの対話の後、「ロンドン事務所」のオープニングに出席。「今は世界一小さな日蓮仏法《にちれんぶっぽう》の集まりですが、必ず、この十倍も、百倍も大きな会館がイギリスに誕生します」と断言した。それから十六年後、池田の言葉は現実のものとなる。

＊

五月十八日、金曜――対話のテーマは「ベトナム戦争とアメリカの未来」「小さな民族の運命」など。トインビーはこの日、「八十四年の人生で、これほどの対談をしたことはない」と池田に率直《そっちょく》な感想を述べている。

対話を終えた池田は「イギリス人が最も愛する庭園」といわれるロンドン郊外《こうがい》のウィズリー・ガーデンに足を運んだ。

「公園」がどれほどイギリス人の歴史と生活に根づいているか――前年、トインビー夫妻とホーランド公園を歩いた時、池田は実感していた。

ウィズリー・ガーデンは王立《おうりつ》の最高峰《さいこうほう》の庭園である。「ガーデニング」の粋《すい》をこらした風景と、咲《さ》き誇《ほこ》る五月の花々を楽しむ人々の日常を目にした。池田は「これまで訪《おとず》れたなかで、ここが最も美しい公園だね」と感嘆《かんたん》している。

十九日、土曜――対話の最終日。「ガンジーの非暴力主義《ひぼうりょくしゅぎ》」「人類の人口の限界」「情報産《じょうほうさん》

英国王立園芸協会が運営するウィズリー・ガーデン。1804年に完成し、約100万平方メートルという広さを誇る ©アフロ

業《ぎょう》論」などにテーマが及んだ。

この日、テレビではソ連（当時）の書記長ブレジネフと、西ドイツ（当時）の首相ブラントの首脳《しゅのう》会談が大きく報じられていた。

トインビーはそのニュースを見ながら、「私たちの対談は地味《じみ》かもしれないが、後世の人類のための語らいであり、このような対話こそが、永遠の平和の道をつくるのです」と池田に語っている。

＊

トインビー宅を後にした池田は、日本で待っている学会員への励ましにと、そばにあったハイド・パーク・コーナーの土曜市《どよういち》で数枚の絵を買い求めた。ロンドン最大の市場《いちば》ポートベロー・ロードも歩いた。

「五月十九日の夜、私たちは第一回『イギリス代表者会議』を開きました。四十人ほどが集まりました。

先生は、トインビー博士から『あなたたちは、はるかな先を見つめている。お互いに年齢の離れた世代が一緒に活動している。私はこの運動にすべての人が携《たずさ》わるべきだと思います』と言われたことを紹介されました。また、先生は私たちに『生まれた場所や国が違《ちが》っても、私たちは永遠の友人です』とも言われました。これらの言葉は、今も私たちの大切な指針です」（藤井和雄）

科学が進めば仏法の宇宙観に近づく

ハワード・ヒルはバーミンガムで信心を始めた草分《くさわ》けである。「イギリス代表者会議」に地区部長として参加した。その場で池田が「他の星にも生命がいるかどうか」に言及《げんきゅう》したことを覚えている。

「それはトインビー博士と話し合われたテーマだったそうです。お二人とも『他の星にも生命はいると思う』という意見でした。私はとても想像力を刺激《しげき》され、『もう少しくわしく教えてください』とお願いしました。先生は私たちの『仏性《ぶっしょう》（仏の生命）』について、そして『生と死』について話されました」

一人の地区部長の素朴《そぼく》な疑問は、池田の大きな問題意識に触《ふ》れるものだった。

池田が「地球の外の生命」について意見を求めたのは、トインビーだけではない。物理学者でモスクワ大学総長を務めたログノフとも（『科学と宗教』）、天才経営者の松下幸之助とも（『人生問答』)、天文学者のウィックラマシンゲとも(『「宇宙」と「人間」のロマンを語る』)、同じく天文学者のブラジルのモウランとも(『天文学と仏法を語る』)、ロシアの宇宙飛行士セレブロフとも(『宇宙と地球と人間』)、突っ込んだ「宇宙」論を交《か》わしてきた。

それらのやりとりは、そのまま「人間」論になり、「生命」論になった。

なぜ宇宙をめぐって問いを発し、語り続けてきたのか。それは「法華経《ほけきょう》に説かれているから」である。

池田　私がこの問題に興味を覚える一つの理由は、釈尊《しゃくそん》が法華経の中で、宇宙には明らかにそうした世界が無数《むすう》にあることを前提《ぜんてい》とした説き方をしていることです。(『二十一世紀への対話』〔下〕聖教ワイド文庫、五十一ページ)

また、恩師《おんし》である戸田城聖《じょうせい》(創価学会第二代会長)から聞いた言葉も、宇宙について思索《しさく》を深めるきっかけになったという。

「あるとき、戸田先生が、『いま人類は、地球上に三十億いる。しかし百年後には、自分も含めて、いま実在《じつざい》する人は、一人もいなくなる』『それを深刻に思ったときに、恐ろしくなった』と言いながら、『どうしても、宗教なかんずく、高等仏教への研究、行動が、必要《ひつよう》課題《かだい》となった』と言われ、それが先生の一つの入信《にゅうしん》の動機《どうき》となったと聞かされたものです」

「ともかく、この大宇宙のなかで、人間という存在は、まことに微小《びしょう》であるかもしれない。ですから、真摯《しんし》に自分をみつめ真摯に宇宙をみていきたい。人間が、人間を殺すという戦争などは、絶対にあってはならない。いわんや、原爆や水爆を使用するなどということは、極悪中《ごくあくちゅう》の極悪ですね」（『「仏法と宇宙」を語る』、『池田大作全集』第十巻に収録）

この生《せい》――〝偶然《ぐうぜん》〟ですますには あまりにも厳粛《げんしゅく》な事実

中学生に向けて語った「希望対話」でも、宇宙がテーマの時には「きょうは『宇宙』がテーマだったね。いいですね。太陽と語り、月と語り、星空と語りあうような『大きな大きな気持ち』で、みんなに生きてもらいたいのです、私は。聞くところによると、最近は、『天《あま》の川《がわ》』さえ見たことがない人がいるそうだが、本当ですか？」と切り出している（『希望対話』普及版、三三七ページ）。

ある経典《きょうてん》に〝百億もの太陽と月〟が出てくること。法華経で説《と》かれる「時間」の長さも、「空間」の広さも、ふだんの常識をはるかに超えていること。さまざまな話をしながら、池田は子どもたちに「宇宙から見た人間」の価値を訴《うった》えた。

歴史学者のトインビーと妻のベロニカ（1973年5月、ロンドン）
©Seikyo Shimbun

もちろん、仏法は、宇宙を論じるのが目的ではない。現実に悩んでいる人の「苦しみを救う」のが目的です。

しかし、仏法が「無限《むげん》の空間」「無限の時間」を前提にしているのは間違いないと思う。
（同三四二ページ）

（宇宙人がいるかどうかについて）経典には「他の国土《こくど》から地球に応援にやってきた菩薩《ぼさつ》」とか、たくさん説かれているからね。

もちろん科学的証明は、まだできない。ただ、科学が進めば進むほど、仏法の説く宇宙観に近づいてきたことは事実です。（同三四三ページ）

今、確かなのは、この広大な宇宙の中で、みんなは、こうして地球を選んで、しかも、この「瞬間」ともいうべき今、いっしょに生まれてきたという事実です。

(宇宙が誕生してから一〇〇億年以上という長い時間に比べると)人の寿命《じゅみょう》は、せいぜい百年。「一瞬」です。その一瞬を選んで、同じ地球に「生」を受けた。しかも、同じ「人間」として!

心を静めて考えれば、「偶然《ぐうぜん》」の一言ですませるには、あまりにも厳粛《げんしゅく》な事実です。そのことを思えば、絶対に、友だちをいじめるなんてことがあってはならない。また、自分のかけがえのない一生を、むだにしてはいけない。必ず何か使命があったから、この地球にやってきたのです。(同三五〇―三五一ページ)

日蓮仏法に、どうやって〝理性《りせい》の光〟を当てるか。日蓮仏法をさらに「現実に生かす」にはどうすればいいのか。池田にとってトインビーとの対話は、その大きな一歩でもあった。

五月二十日の日曜――サセックス大学を訪問。翌二十一日の正午過ぎ、ロンドンを発《た》つ池田を、イギリスのメンバーとともにトインビー夫妻も手を振って見送った。

千年後の未来

かつてトインビーは「千年後の未来」について語ったことがある。

　――今から一千年後の歴史家が、この二十世紀について書く時がくれば、自由主義と共産主義の論争などには、ほとんど興味をもたないでしょう。歴史家が本当に心を奪《うば》われるのは、人類史上初めてキリスト教と仏教とが相互に深く心を通《かよ》わせた時、何が起こったか、という問題でしょう――

　池田は「いかにも、トインビー博士らしい巨視的《きょしてき》な話ですが、私も、そのとおりであろうと思います。人類の今後の歴史にとって、仏教とキリスト教の対話が、今日《こんにち》ほど重要な意味をもっているときはない、と私も信じております」と語っている（教育学者デルボラフとの対談「二十一世紀への人間と哲学」、『池田大作全集』第十三巻に収録）。

　トインビーの危機感は切実《せつじつ》だった。彼は、自分が生きている二十世紀とは、〝一度は打ち立てられた「宗教の寛容《かんよう》さ」が、再び消されようとしている時代〟だと考えていた。

　……宗教的寛容は、ようやくのことで達成され、もはや二度と再び失われるおそれのない文明の保険料《ほけんりょう》であると、この二世紀半のあいだ絶えず信じられて来たものなのである。（「一歴史家の宗教観」、『トインビー著作集4』三八一―三八二ページ、社会思想社）

　池田もまた、トインビーとの対話でこの点を確かめている。

……十七世紀の前半には三十年戦争があり、宗教上の見解の相違《そうい》を政治的・軍事的力によって争った、最後の惨劇《さんげき》が展開された時代です。そして、これを契機《けいき》として、それ以後、宗教上の争いに政治権力が介入《かいにゅう》することはしないという原則が、しだいに打ち立てられたわけです。（前掲『二十一世紀への対話』〈下〉、一二五ページ）

カトリックとプロテスタントの凄惨《せいさん》な殺し合い（三十年戦争）を経《へ》て、ようやく確立された宗教的な寛容（ウェストファリア条約）。それが今、〈国家主義、ファシズム、共産主義〉などの新しい〈狂信《きょうしん》の復活《ふっかつ》〉によって、再び消えようとしている（前掲『トインビー著作集4』三八一ページ）――トインビーの眼には、そう映《うつ》った。彼の切り開いた視野は、二十世紀だけでなく、世界各地でテロが続く二十一世紀にまで及んでいるといえよう。

西洋一辺倒《いっぺんとう》の歴史観を徹底的に疑い、「人類史を初めて試《こころ》みた人」といわれるトインビーは、半世紀を超えて積み上げてきた思想を池田に真正面《ましょうめん》からぶつけた。二人の議論は「新しい宗教」をめぐる幾《いく》つかの智慧《ちえ》に結実《けつじつ》した（単行本『民衆こそ王者』第十四巻に詳述）。

池田が、メモを手にしたトインビーの老体《ろうたい》をかばい、トインビーは居間のソファに深々と腰《こし》を下《お》ろす。池田から贈られた補聴器《ほちょうき》を左耳につけて、二人の問答が始まる――トインビーの自宅で何度も繰り返された光景である。二年越し四十時間に及んだ二人の対話は、「宗教間の対話」が、これからの世の中に何を生み出せるのかを問うた、他にない挑戦だった。

翻訳家のリチャード・L・ゲージ（中央）、**バートン・ワトソン**（右端）**と語り合う池田**（2005年5月、東京・八王子市）©Seikyo Shimbun

イギリスSGIの青年部は、今もこの池田・トインビー対談を題材に議論し合い、学び続けている。

＊

池田・トインビー対談を編集し、池田の日本語を英語に訳《やく》したのは翻訳家のリチャード・L・ゲージである。トインビーは池田との往復《おうふく》書簡《しょかん》の中で、彼の編集、翻訳《ほんやく》の手腕を高く評価した。

「翻訳で大事なことは『辛抱《しんぼう》』です。一日に一〇〇〇回も、一五〇〇〇回も、字引《じびき》を引くのに耐《た》えること。私は八十四歳になりましたが、今でもそう思っています」。リチャード・L・ゲージは鎌倉の自宅でそう語り、微笑《ほほえ》んだ。日本語のみならずロシア語、フランス語、ドイツ語の翻訳も手がけてきた。「毎朝、英語のほかにフランス語、ロシア語、日本語の新聞を読みます。

インターネットのおかげでずいぶん便利になりましたね」。

池田の著作では、これまでライナス・ポーリング対談（『「生命の世紀」への探求』）やルネ・ユイグ対談（『闇は暁を求めて』）の翻訳などにも携わった。池田の対談集の特長《とくちょう》を三つ挙《あ》げる。

「まず、池田会長が実に幅広いテーマで、しかも立場の異《こと》なるさまざまな人と対話していることです。

西洋にはプラトンが残した多くの対話篇がありますが、それらは同じ立場の人による対談です。全く立場の異なる、異文化に属《ぞく》する人同士のものではない。その意味で、池田会長の対談は他に例を見ないユニークなものです。

二つめに、池田会長は『東洋の英知を、現代にいかに活用できるか』を、さまざまな角度から展開される。

三つめに、現代はますます『専門化』の傾向が強くなり、『全体観《ぜんたいかん》』に立って物事を判断できる人が少なくなっている。常に全体観に立った視点を与えてくれる池田会長の対談は極《きわ》めて重要です」

一流になるために

藤井和雄は一九七三年（昭和四十八年）、池田のイギリス訪問の最中に言われた、

「先駆者《せんくしゃ》には、必ず中傷非難《ちゅうしょうひなん》があるんだよ。しかし強盛《ごうじょう》な信心を貫《つらぬ》けば、それらは尊敬に変わっていく」

という言葉を今も覚《おぼ》えている。

池田自身、この三年前に「言論出版問題」の嵐《あらし》を受けながら、日本国内の会員数七五〇万世帯を達成した。そして創価大学を創立。さらにトインビーをはじめ「世界との対話」の大きな流れを開き始めたところだった。

藤井和雄は、さあ〝先駆者〟になるぞ、と意気込《いきご》んでイギリスに渡ったわけではない。そもそも、はじめは永住《えいじゅう》する気もなかった。仏法を本気で学び始めたのは、革靴《かわぐつ》づくりで名高いノーサンプトンという町に住んでいたころである。「結局、英語は学会活動で覚えましたね」と笑う。

すべてのきっかけは、兄の死だった。「私の兄の藤井敏雄は優《すぐ》れたオートバイ・レーサーでした。日本屈指《くっし》のオートバイ・メーカーだったトーハツ（東京発動機）から始まって、城北ライダースやスズキに所属し、国際レースに出るようになると一年の半分ほどは海外で転戦していました。最後はカワサキのオートバイに乗っていました」（藤井和雄）。

敏雄が事故で命を落としたのは一九六六年（昭和四十一年）。二十五歳の夏だった。場所はアイリッシュ海に浮《う》かぶマン島である。

市街地を猛《もう》スピードで走り抜ける、「世界一、危険なレース」といわれるマン島TT（ツーリスト・トロフィー）レース。その公開練習中の悲劇だった。

「……和雄、日本人レーサーは集団で外国を訪れて、そこで慣《な》れ親《した》しんだ日本食を食べながらレースに臨《のぞ》む傾向がある。だが本当に一流の国際レーサーになろうと思ったら、たった一人で車を運転して、各地のレース場を転戦するくらいの心意気《こころいき》がなくてはダメなんだ」

十代半ばの藤井和雄は、六つ年上の兄の敏雄が海外のレースから帰国するたび、海の向こうの話を聞いた。

*

「尊敬する兄でした。わが家で最初に信心を始めたのも兄でした。近所の畳屋《たたみや》の息子さんが学会員で、まだプロレーサーになる前の兄に仏法の話をしてくれたんです」（藤井和雄）

東京・北区の滝野川。小さな借家《しゃくや》に両親、兄、姉二人と六人で暮《く》らしていた。父の慶治は、もともとは東京の神田で箱作りの職人をしていた。しかし日中戦争で一年半ほど徴兵《ちょうへい》され、その後は徴用《ちょうよう》などで大阪や石川、富山を転々とし、戦後は食いつなぐのがやっとの生活だった。信心を始めたころは荷台《にだい》に竹竿《たけざお》を積《つ》んで売り歩いていた。

兄の敏雄は都立工芸高校の定時制《ていじせい》に通いながら就職活動をしたが、うまくいかず悩んでいた。八歳だった和雄は髄膜炎《ずいまくえん》に苦しみ、小学校にまともに通えない日が続いた。

この仏法に生き抜けば、世界をまたにかけるような人間になれる——家族は聞くともなく折伏《しゃくぶく》の会話を聞いた。

敏雄は「やってみたい」と言った。母の正江が「息子がやるなら、私もやってみます」と続いた。

「敏雄と私が創価学会に入ったのは昭和三十一年の三月です。すぐに娘や和雄も始めました。夫は神道《しんとう》にかなり熱を入れていましたが、しばらくして学会に入りました」（藤井正江）

イングランドとアイルランドの間のアイリッシュ海に浮かぶマン島で開かれるTTレース（1967年6月）。1907年に開催された第１回のレースから100年以上の歴史がある ©アフロ

今年（二〇一八年）、百歳になる正江。「豊島公会堂の戸田先生の講義が楽しみでしたよ。あんまり人が多いから壇上《だんじょう》にあがって講義を聞いたこともありました」と語る。

敏雄がトーハツに採用されたのは、学会に入って間もないころだった。

＊

「敏雄はオートバイが好きでね……。最初は板橋の草レースでした。レースに出れば勝って、家に幾《いく》つもトロフィーが並《なら》びました。乗るだけじゃなくて自分で整備も全部できるし、お休みの日もオートバイを磨《みが》いて触っていましたよ」（藤井正江）

正江はマン島TTレースの事故をテレビで知った。「当時の男子部の部隊長さんは、トラックで高速道路を走っている時にラジオのニュースで聞いて、飛んできてくれました」。敏雄を亡《な》くした後、慶治と正江の夫妻は、創価学会の職員寮《しょくいんりょう》の管理者になり、多くの若手の面倒《めんどう》をみることになる。

慶治も学会に入ってからは真面目《まじめ》一徹《いってつ》に活動に励んだ。池田は後年、東京の文京会館で慶治に会った時、「あなたは創価学会の〝顔〟だね」と励ましている。

ある日、外国人が藤井家を訪ねてきた。敏雄のレース仲間だった。

「何をしゃべっているのかわからないから、近所の男子部で英語のできる人を連れて来て、通訳してもらいました。西洋の人でしょう。最初は靴《くつ》のまま家にあがろうとしたからビックリしましたよ」と正江は笑う。

――私たちはトシオさんの事故現場に植樹《しょくじゅ》したいと思っています。日本からも、どなたか来られませんか――という話だった。家族で相談して、和雄が行くことになった。

「私はちょうど大学受験を目指して浪人中でした」（藤井和雄）。一九六八年（昭和四十三年）には東大紛争《ふんそう》や日大紛争が起こった。運動は日本各地に飛び火し、大学紛争の嵐が吹《ふ》き荒《あ》れる。池田が立法《りっぽう》、行政《ぎょうせい》、司法《しほう》の「三権《さんけん》」に「教育権」を加えた「四権分立」を唱えたのも、この大学紛争がきっかけである（単行本『民衆こそ王者』第六巻に詳述）。

「どうせ大学に受かっても、授業が行われないかもしれないし、事故の現場に行って兄に追善《ついぜん》

の題目を送ろうと思いました。せっかくの機会なのでバイトでお金をためて、ヨーロッパを横断しました」（藤井和雄）

「敏雄が世界中を回っていたので、和雄が海外に行くことに対しては、うちは貧乏《びんぼう》だけど、抵抗や不安はなかったんですよ」（藤井正江）

イギリスで読んだ 六冊の「人間革命」

横浜からインドのムンバイ（当時はボンベイ）まで船に乗り、汽車や飛行機を乗り継《つ》いでギリシャのアテネまで来た。

イオニア海を船で渡り、イタリア半島の南にあるブリンディジという町で安いスクーターを買った。兄の敏雄が命を落とした地まで、バイクで走りたかった。

ナポリ、ローマ、フィレンツエ。北へ、北へ走った。アルプスの難所《なんしよ》を越えながら雪《ゆき》化粧《げしよう》の絶景《ぜつけい》を眺《なが》めた。エンジン音が木々《きぎ》の間に吸い込まれていく。運転中、ハンドルを握《にぎ》ったまま胸がつまり、涙が止まらなくなった。

マン島に着いた。敏雄が下宿《げしゆく》していた部屋の管理人が、赤いバラを用意してくれた。そのバラを事故現場に手向《たむ》け、題目を三唱した。

*

　敏雄の友人が「よかったら、しばらくうちで暮らしたら」と言ってくれた。友人はロンドンの北一〇〇キロにあるノーサンプトンの資産家だった。

「ノーサンプトンの病院で、ポーターの仕事を始めました。ゴミを集めて、掃除《そうじ》して、ボイラーに石炭《せきたん》を入れて、〝何でも屋〟です。外国人にはなかなか労働許可証《ろうどうきょかしょう》が出ませんから、最初はそれくらいしか仕事がありませんでした」（藤井和雄）

　日曜には朝六時のバスに乗ってロンドンに出て、最終バスで戻った。「往復で六時間かかりました。ロンドンに住んでいる学会員を探して、座談会に行きました」。週給五ポンド（約三〇〇〇円）のバイト代から交通費《こうつうひ》をひねり出した。和雄は「私が池田先生と〝会った〟のは、この時期だったのかもしれません」と述懐《じゅっかい》する。

「もちろん将来をどうしようか、という悩みは常にありました。そして、日本から遠く離れたイギリスで暮らしてみても、自分の中身は変わらないわけです。母から先生の本を送ってもらって、真剣に読みました」

　当時、池田の小説『人間革命』は、まだ六巻までしか出ていなかった。一年半かけて、その六冊を六回読み返した。

「御書《ごしょ》（日蓮《にちれん》の遺文集《いぶんしゅう》）の講義録《こうぎろく》も読みました。『立正安国論《りっしょうあんこくろん》』や『御義口伝《おんぎくでん》』はとくに難しかったですが三回読みました。働いて、祈って、本を読んで、先生と会ったことはないけれど、

池田と妻の香峯子が３年ぶりにイギリスを訪問。少年少女や青年らの歓迎に温かなまなざしを送る（1994年6月、ロンドン近郊のタプロー・コート総合文化センター）©Seikyo Shimbun

心の中で対話するような毎日でした」

ロンドンで広がる弘教《ぐきょう》の波にも心動かされた。兄に導《みちび》かれてやってきたここに、使命があるのかもしれない。そう思うようになった。

ロンドン市内に引っ越し、一年ほど病院で働いた後、日本大使館の執事《しつじ》アシスタントの職に就《つ》いた。池田を迎えた七二年（昭和四十七年）には、有名ブランドのバーバリー本店でセールスマン兼通訳《けんつうやく》になっていた。

和雄がイギリス創価学会の男子部長になった時、池田は「まず一〇〇人の同志を作りなさい」と励まし、一〇〇枚の〝メダル〟を託《たく》した。和雄は青年部メンバーに会うたび、そのメダルを手渡し、悩みを聞いた。

六九年（同四十四年）、ビクトリア駅に近いネフィア・ホールでイギリス総会を開き、五十人が集まった。翌年、同じ場所で開いた総会には一五〇人が集まっている。

「ロンドンのアパートは皆に開放していたので、終電に乗り遅れた男子部のメンバーがごろ寝《ね》していたこともありました。私が会合から帰ってきたら、私の部屋なのに寝る場所がバスタブしかないのです。イギリス中を走り回って、何が大変だったのかがわからないほど大変な青春時代でした。すべて、かけがえのない思い出ですよ」と笑う。

仏法に感傷《かんしょう》はない
生きて生きて生き抜け

「ロンドン事務所」がオープンした夜、和雄のもとに池田から一冊のアルバムが届いた。表紙を開いたところに、こう書いてあった。

〈君よ、学会子の
　誇りを忘れるな、
君よ、勉強を忘るるな
君よ、笑顔を忘るるな

君よ、20年先を忘るるな
君よ、久遠《くおん》の友たちを忘るるな、
一九七三年五月十七日〉

「この日以降、先生は日本でも、イギリスでも、フランスのトレッツでも、私の顔を見るたびに『藤井くん、笑顔を忘れるなよ』『紳士《しんし》であるんだよ』『笑うんだよ』と念《ねん》を押《お》されました。それは何年も続きました」

池田は悲壮感《ひそうかん》の漂《ただよ》うリーダーを嫌《きら》う。その信条を何度も語ってきた。

「〝正義は楽し〟である。笑顔で朗《ほが》らかに正義の道を生きぬいていきたい。朗らかさを失ったり、悲壮になっては、悪を喜ばせるだけである」（一九九一年、東京で。『池田大作全集』第七十六巻）

「戦いは、楽観主義《らっかんしゅぎ》でいくべきである。悲壮感を出したら負けである」（一九九四年、創価大学で。同六十巻）

「悲壮感でなく、楽観主義でいくべきである。センチメンタリズム――感傷《かんしょう》は、仏法にはない。『現実のうえで、幸福になる』ための人生である。何があろうが、強くまた強く、そして愉快《ゆかい》に立ち向かっていくのが真の仏法者なのである」（一九九九年、東京で。同九十巻）

「一人、信念をもって、わが道を進んでいけば、必ず、友はついてくる。

そして同志のことを祈っていくことだ。そうすれば、百万の軍師《ぐんし》に勝《まさ》る智慧《ちえ》がわく。偉大なる生命力がわいてくる。

仏法には、いわゆる悲愴感《ひそうかん》はない。悩んで、自分で自分を傷つけるのは、損《そん》である。どこまでも楽観主義で、生きて生きて生きぬいていただきたい」（二〇〇二年、長野で。同九十四巻）

*

トインビーとの対話でも、池田は「悲劇的」な生き方を拒否《きょひ》している。「ソクラテスの死」をテーマに語り合った。

哲学の巨人ソクラテスは、ある政治活動の結果、死刑判決を受ける。彼は死刑を避《さ》けることもできた。しかし、あえて死を選んだ。

トインビーはソクラテスの生き方を「知識人や芸術家のとるべき正しい態度を示すもの」だと高く評価する。対する池田は、こうした「政治上の信念に殉教《じゅんきょう》する」生き方に異議《いぎ》を唱えた。

　ブッダの時代にも、またその後の仏教の歴史においても、しばしば政治的弾圧《だんあつ》が加えられました。しかし、仏教者は、そうした政治上の権力と同一次元で対決するのではなく、もっと精神的に高い次元から対処《たいしょ》しようとするところに特徴があるようです。したがって、仏教者においては、政治上の信念に殉教するということはあまり歓迎《かんげい》されません。

チャールズ皇太子の私邸での会見を終え、イングランド南西部コッツウォルズ地方の小さな町テットベリーを訪れた池田と香峯子（1994年6月）©Seikyo Shimbun

……ところが、ソクラテスの場合、自己の信念を守るために、都市国家の政治権力と正面から対決して、自ら毒杯《どくはい》をあおいでいます。たしかに、彼の後世に対する影響力は、その死によって、大きく、強いものがあるようです。

しかし、影響力のうえからいえば、ブッダは悲劇的な死を選びませんでしたが、ソクラテスやイエスと並ぶものをもっています。悲劇的な死は、政治や人間に対して憎《ぞう》悪《お》を植えつける作用があり、私には感心できません。

……私は、人間とは理想を追う存在であるということを踏《ふ》まえ、しかも現実性を重《おも》んじていく――この両方を包含《ほうがん》していくのが中道《ちゆうどう》であり、正しい考え方であると考

えます。（『二十一世紀への対話』〈上〉聖教ワイド文庫、一八一―一八六ページ）

池田の海外訪問に同行してきたスタッフの一人は「池田先生が『私は二度と〝熱原《あつはら》の三烈《さんれつ》士《し》〟を出したくないんだ』と言われたことがありました。熱原の三烈士は鎌倉時代に殉教した日蓮門下です。あの時、どの国であろうと、わが門下からは絶対に殉教者を出したくない、という先生の強烈な一念を感じました。忘れがたい一言です」と述懐する。

若くして異国の地に渡った、勢《いきお》いのあるリーダーの振る舞いは、その地のメンバーに大きな影響を与える。「笑顔を忘れるな」。この一言に、池田は大きな期待と戒《いまし》めを込めた。

＊

一九七五年（昭和五十年）には、東京からロンドンに戻ったリチャード・コーストンがイギリスＳＧＩ理事長に就任する。藤井和雄は副理事長として長年、リチャードを支え続けた。

八九年（平成元年）五月――「タプロー・コート総合文化センター」が誕生し、イギリスのメンバーは池田が出席する会合の準備などで慌《あわ》ただしかった。幾つもの行事が立て込んだ。

その打ち合わせの最中、和雄はあるイギリスの壮年部員から「カズオはなぜ、いつもそんなに笑顔でいられるのか？」と感心され、驚いたという。

「あとで気づいたのですが、あの八九年のイギリス訪問の時、池田先生は私に対して、一言も『笑顔で』と言われなかったんです。初めてのことでした」

タプロー・コートの正門前に、池田を乗せた車がゆっくりと滑《すべ》り込む。
十四年ぶり五回目の、池田のイギリス訪問が始まった。

第5章 人間主義の革命家――イギリス⑩

タプロー・コート総合文化センターの開所式でのこと。

センター内の道の両側に並んだメンバーは、池田を乗せた車が正門から入ってくるのを、今や遅しと待っていた。ところが、車は正門の手前でストップ。車を降りた池田は、歩いて門をくぐり、まっすぐにメンバーのもとへ――。

一人ひとりと握手し、ときに抱き寄せ、声をかけ、喜びを分かち合う。それは、親しい家族の再会の劇のようだった。

「五月祭」は、ヨーロッパの各地で行われる〝民衆の春のお祭り〟である。もともとは樹木《じゆもく》への信仰に由来《ゆらい》するといわれる。

ライラックの紫《むらさき》や白の花々が匂《にお》い立ち、競《きそ》うように咲《さ》きこぼれるころ、益本洋一は厨房《ちゆうぼう》に立っていた。一九八九年（平成元年）五月――イギリスＳＧＩ（創価学会インタナショナル）の拠点「タプロー・コート総合文化センター」が、もうすぐ開所式を迎える。

オープンを記念する欧州総会に、一四〇〇人を超えるＳＧＩメンバーが集まる。食事のメニューをはじめ、食堂をどう切り盛りするか、十日ほどの日程をにらみながら、洋一は頭も体もフル回転させた。

七六年（昭和五十一年）に日本からイギリスに渡《わた》り、ロンドンのサヴォイ・ホテルなどでフランス料理を学んだ。イギリスＳＧＩ理事長のリチャード・コーストンから「池田先生の来訪を裏方《うらかた》で支えてほしい」と打診《だしん》され、勇《いさ》んで引き受けた。

タプロー・コート総合文化センターの管理者の子息ギャビン（左端）**と益本貴明を抱きかかえ記念のカメラに**（1991年6月、ロンドン近郊）©Seikyo Shimbun

池田大作のイギリス訪問は十四年ぶりだった。総会の参加者は十六カ国から集まる。ベジタリアン（菜食主義者）や食物アレルギーの人もいる。洋一はスタッフたちと知恵《ちえ》を絞《しぼ》り、無事にすべての日程を乗り切った。

当時、妻の光子とともにウィンブルドン近郊で地区部長、地区婦人部長を務《つと》めていた。池田を迎《むか》えた総会の後、タプロー・コートの職員になったが、タプローに住んでみて初めて直面した悩《なや》みがあった。息子の貴明が転校先の小学校でいじめに遭《あ》ったのだ。

「私が通《かよ》った小学校はタプロー・コートから歩いて五分のところにありました」と益本貴明は振り返る。「クラスが私以外は全員白人で、ひどくいじめられました。イギリス全体で見ると中国人やインド人も多いのですが、田舎《いなか》の小さな学校だからアジア系の子どもはほとんどいませんでした」「学校から戻ると、タプローの管理者の息子さんであるギャビンとジェームスが仲良くしてくれ、よく三人で遊んでいました」。

クラスで仲間外れにされ、友だちもできず小学校に行くのがつらかった。続けていた勤行《ごんぎょう》と唱題《しょうだい》もやる気が出なくなった。「なんで自分はこんなに弱いんだろう」と思うようになっていた。その心が変わるきっかけは、池田との出会いだったという。

イギリス滞在中《たいざいちゅう》の池田が、十歳の貴明、九歳のギャビンの手をとり、タプロー・コートの敷地《しきち》を歩いたことがあった（一九九一年）。

「途中で先生が私たち二人の肩を抱《だ》き、少し体を預《あず》けて、三人でゆっくり一歩ずつ歩きました。周りからみると、子ども二人が大人を運んでいるように見える遊びでした」（益本貴明）

はしゃぐ二人に池田は声をかけた。「君たちは強いね！」という一言を聞いて、貴明は思わず池田を見上げた。「あの一瞬に感じた温かさ、優しさ、力強さは忘れられません。『強いね』という一言は、つらい時に思い出す宝物になりました」。

翌日から貴明は、自分の意志で再び勤行と唱題をするようになった。

「少しずつですが学校のいじめはなくなりました。中学、高校ではいろんな人種の生徒がいて、まったくいじめがなくなり、たくさんの友人ができて、どんどん自信がつきました」

喜びを与える人に

「タプロー・コートで開いた私たちの『五月祭』に、先生が来られたんです。あの日一日で、一生涯かかっても得られないようなことをいろいろ学びました」。こう語るエブン・カルウィンは、アフリカやカリブ海の島々出身のメンバーでつくる「アビビマ・コーラス」の責任者だった。「アビビマ」とは「団結」を意味する。

「私は一九八九年のタプロー・コートで〝ジャガイモと格闘《かくとう》した経験〟に今も感謝しています」

女優のフェイス・ティングル・バルトーリも、厨房のスタッフとしてＳＧＩ欧州総会を支えた。

「数え切れないほどのジャガイモの皮をむいて、キュウリを切りました」と微笑《ほほえ》む。「先生は〝陰《かげ》の存在〟に光を当てる人です。裏方の私たちスタッフに声をかけて一緒に朝のラジオ体操をしたり、手品《てじな》を披露《ひろう》されたり。私は演劇学校でパントマイム（無言劇）やピエロのトレーニングも受けてきたのですが、先生だったらどんなに素晴《すば》らしく演じられるだろうと想像したことを覚《おぼ》えています。私は『先生のように人を喜ばせたい、先生のように夢を叶《かな》えたい』と強く感じたのです」。

このあとフェイスはイギリスＳＧＩの少女部長などを歴任。面倒《めんどう》をみてきた子どもたちと池田の出会いが実現した場所もまたタプロー・コートだった。現在は中央ロンドン方面の婦人部長を務めている。

ジャマイカ出身の両親のもと、ロンドンで生まれた。演劇学校を卒業し、十八歳で女優デビュー。最初は仕事に恵まれたが数年で行《い》き詰《づ》まった。二十二歳で日蓮《にちれん》仏法を知り、三年後に信心を始めた。座談会に集まる人たちの年齢も、仕事も、人種も違うことに驚いた。他に見たことのない世界だった。

三十歳を過ぎて発症《はっしょう》した難病《なんびょう》と闘いながらも、女優の仕事も途切《とぎ》れなかった。テレビのほか、シェイクスピア作品などの舞台に立ち、ドイツ、ルーマニア、ギリシャの舞台も回った。

四十歳を境《さかい》に「長く契約できて、女優の経験を生かせる仕事」を探し、「クラウンドクター（ホスピタルクラウン）」の道を選んだ。

クラウンとは「道化師《どうけし》」。長期入院している子どもの病室を訪れ、心のケアをする専門家である。車椅子《くるまいす》の子もいれば、寝たきりの子も、余命《よめい》わずかの子もいる。よく笑う子もいれば、笑顔を忘れた子もいる。

フェイスがオーディションに合格した時、まだクラウンドクターはイギリスに四人しかいなかったという。後輩の育成にも力を注いだ。

ある病院で末期《まっき》がんの女の子を担当した。ターミナルケア（終末医療）の病棟《びょうとう》に一年間、毎

さあ、風船が割れるかな？――タプロー・コートに集まったメンバーに〝皆が喜ぶなら〟と手品を披露する池田。前庭が歓声に包まれた（1989年5月、ロンドン近郊）©Seikyo Shimbun

週訪れた。

その子の五歳の誕生日に、両親から頼《たの》まれて自宅に赴《おもむ》いた。誕生日パーティーでクラウンを演じきった。

女の子は終始《しゅうし》ご機嫌《きげん》だった。ロウソクを吹き消し、笑顔でプレゼントの包《つつ》み紙を開けた。

パーティーが終わった。その子の七歳の兄が、フェイスを車まで見送ってくれた。そして興味《きょうみ》津々《しんしん》の様子でフェイスに尋《たず》ねた。

「あなたは、このために生まれてきたの？」

フェイスは答えた。「そう！　誰だって『何か』をするために生まれてくるのよ。その『何か』を探さなければ！」。

「ありがとう」。兄はフェイスに礼を伝えて、家に戻った。

その日は、女の子が迎えた最後の誕生日になった。

「私の役割は、その子の命の中にある『喜び』を引き出すことです。たとえ一瞬でも、笑顔になり、それが特別な宝の一瞬になってくれればうれしいのです」とフェイスは語る。「マニュアルはありません。すべて、子どもたちと会って、その表情などを感じとってから動くのです」。

陽気に話しかける。ダンスや手品で楽しませる。お話を聞かせる――クラウンを演じる時、フェイスはよく、タプロー・コートの庭で目に焼きつけた池田の姿を思い浮かべるという。

〝今すぐ友のもとへ。それが仏法だ〟

池田の振る舞いは、タプロー・コートに到着した瞬間から皆の想像を超えていた。

「タプロー・コートの正門から本館まで一〇〇メートルほどの小さな道があるのですが、あの日（一九八九年五月二十一日）、ＳＧＩメンバーは道の両側に並んで待っていました。先生の車が到着したのは午後二時でした」

行事の運営を担《にな》っていた藤井和雄は、その瞬間のことをよく覚えている。

「イギリスＳＧＩにとって晴れの日ですから、イギリス流の歓迎をする予定だったんです。来《らい》賓《ひん》を乗せた車が門をくぐり、皆の拍手に包まれて玄関まで進み、建物の前で車から降りた先生に花束を贈《おく》る――これがフォーマルな歓迎方法です。しかし先生の車は正門の前で止まってしまった。先生は、歩いて門をくぐったのです」

　道の両脇で今か今かと待っていた人々は、運営の予定が狂った藤井よりも目を丸くしていた。この日、集まった人のほとんどが池田と会ったことがなかった。

「先生はまっすぐにメンバーのほうへ歩いていかれました。長い歴史を誇るタプローの立派な宮殿《きゅうでん》には目もくれませんでした。

　一人ひとりと握手し、ときに抱き寄せて、声をかけて、小さな男の子には目線《めせん》が同じ高さになるように腰をかがめて話しかけられた。あの姿を目の当《ま》たりにして『私は〝来賓《らいひん》〟ではない。皆と同じ〝家族〟であり〝同志〟であり〝平等〟なんだよ』という先生の思いを痛いほど感じました。

　先生が日本に戻られた後、イギリス人メンバーの多くが『タプローでは私たちが先生を歓迎する側だったはずなのに、いつの間にか先生に歓迎されていたね』と話していました。

　タプロー・コートを舞台に私たちが先生から教わったのは『形式に縛《しば》られるな。同志に尽くせ。同志を敬《うやま》え。今すぐ友のもとへ飛び込め。それが仏法だ。それが創価だ』ということです」（藤井和雄）

*

「正門前で車を降りた先生は、すぐさま、ある壮年の方に駆《か》け寄ってハグされました。その様子を目にした瞬間から私は涙が出て困りました。先生の愛情表現があまりに素晴らしくて驚《おどろ》いてしまったのです。私はあの日から『師弟《してい》』について本気で考えるようになりました。仏法で説かれる『師弟不二《ふに》』とは『人間性』にこそあらわれるのだと思います」

こう語るのはイギリスＳＧＩで方面婦人部長や副婦人部長などを歴任してきたスー・マーカスである。スーは十三歳の時にはすでにプロの歌手だった。学校のない土日の昼、炭鉱街《たんこうがい》の家族連れが集うソーシャル・クラブで舞台に立った。高校の成績も優《すぐ》れていたが、卒業後は豪華《ごうか》船《せん》クルーズの歌手になり、十一年間、歌いながら世界中を回った。

船に乗る前、すでにフランス語、イタリア語、ドイツ語が使えたが、船の中でスペイン語、ポルトガル語、ギリシャ語も学んだ。

ロンドンでミュージカル女優として成功し、三十二歳で創価学会とめぐりあう。タプロー・コートで池田と会ったのは、それから三年後のことだった。

「共通の使命があるから、師弟は平等なのです」

翌九〇年（平成二年）、スー・マーカスは同じ信仰を持つクリフォードと結婚。ＢＢＣ（英国放送協会）ワールドサービスなどのニュースキャスターや、ドキュメンタリー番組をつくるマネジャーとして活躍した。「番組制作では人の配置、スケジュールづくり、スタッフたちの前

タプロー・コートの開所を記念する勤行会。池田は「皆さま方の幸福と長寿を祈念いたしました。偉大なるイギリスの栄光を祈りました」と語った（1989年5月、ロンドン近郊）©Seikyo Shimbun

で話をすることなど、女子部時代に受けたトレーニングが見事に生きました」と笑顔で語る。

　五十歳でオックスフォード大学に入学し、「ヒューマンサイエンス（人間科学）」を学び始めた。池田から「あなたの栄光を祈ります」と伝言が届いた。修士《しゅうし》課程《かてい》の時はイギリスＳＧＩの副婦人部長でもあった。担当のイングランド北部やウェールズ北部まで、列車で数時間かけて通った。今は医療関係の国際ＮＰＯ（非営利団体）「コクラン」で働く。

「『法華経《ほけきょう》の智慧《ちえ》』で先生が語られた〝革命家〟の話がとても印象に残っています」

「新しいことを始めるのに遅すぎるなどということはありません。私のお手本は、常に自分の限界を破《やぶ》ってこられた池田先生の姿です」

　池田が語った革命家とは、日蓮であり、釈尊《しゃくそん》である。

＊

――「法華経」の中で釈尊は、地涌《じゆ》の菩薩《ぼさつ》に「仏法のすべて」「仏の生命」を託《たく》す。それは「荘厳《そうごん》な姿をした仏が上」「凡夫《ぼんぷ》が下」という教えではない。ありのままの「凡夫」「人間」以外に「仏」はない、という教えだった。

　池田は次のように語っている。

「……ある人が言っていた。『本来、患者《かんじゃ》のために医者がいる。患者に尽《つ》くしてこそ医者である。なのに医者は自分のほうが偉《えら》いように思って、威張《いば》っている。困っている人のために弁護《べんご》士《し》がいる。なのに弁護士は自分が偉いように思って、威張っている。

　国民のために政治家がいる。公僕《こうぼく》（民衆に仕《つか》える人）である。なのに政治家は国民を利用し、国民より自分が偉いと思って、威張っている。ジャーナリストは、民衆の人権を守るためにいるはずである。なのに、マスコミが先頭に立って人権侵害《しんがい》をしている。信徒のために聖職者《せいしょくしゃ》がいる。なのに聖職者は自分のほうが偉いと思って、威張っている』と」

「転倒《てんとう》です。これを、ひっくり返すのが、人間主義の『革命』です」

「そのいちばん激しく、いちばん根本的な『革命家』が日蓮大聖人《だいしょうにん》であり、釈尊と言えるのではないだろうか。釈尊は、それまでの『神々のための人間』を、『人間のための神々』に、ひっくり返した。同時に、人々の信仰心を利用して威張っていた『聖職者《せいしょくしゃ》（バラモン）階級』を否定し、カーストを否定し、『人間はすべて平等』と宣言し、実行した」

「しかし、その仏法も、いつのまにか釈尊の精神を忘れてしまって、人間主義でなくなっていった。そこへ日蓮大聖人が出現されて、『仏のために人間がいるのではない。人間のために仏がいるのだ』と宣言されたのです」（普及版『法華経の智慧』〈下〉一八九―一九〇ページ）

「私が信心を始めた一九八〇年代は、まだ『法華経の智慧』はありませんでした。池田先生がいなければ広宣流布《こうせんるふ》などありえない、ということは最初から感じていました。師弟がとても大事だということも、コーストンさんの姿を通してわかっていました。

ただ、今から思えばどうしても師弟を上下関係でとらえていました。しかし、そうではありません。師匠にも弟子にも、『広宣流布』という共通の使命があり、『誓願《せいがん》』を立てる。だから平等なのです」（スー・マーカス）

*

池田・トインビー対談を通して、師弟について学び合うイギリスＳＧＩ青年部の「ニューセンチュリー（新世紀）・グループ」。池田が第三代会長を辞任した後、リチャード・コーストンがつくった（第一章で詳述）。

今、このグループを担当しているのはイギリスＳＧＩ理事長のロバート・ハラップである。自らもニューセンチュリー・グループでリチャードの薫陶《くんとう》を受けた一人である。

「昔の怠惰《たいだ》な私を知る友人が、私が法廷弁護士《ほうていべんごし》になったことを知った時、『アンビリーバブル！』（信じられない）と言いました。それはそうでしょう、私だって同じ気持ちでしたから」。

そう言って笑う。

理事長職を担う前、ロバートは労働《ろうどう》問題や難民《なんみん》問題を専門とするバリスター（法廷弁護士）だった。

「イギリスを舞台にしたドラマで、法廷《ほうてい》で白髪《はくはつ》のカツラをかぶった弁護士が登場するでしょう。あれがバリスターです。イギリスの裁判ではソリシター（事務弁護士）が裁判の準備をして、バリスターが法廷で弁護します」

「私が手がけたある控訴審《こうそしん》がロー・リポート（判例集）に載《の》っています。イギリスには『ソーシャル・ハウジング』という、お金のない人たちに住まいを提供する制度があります。そうした部屋の貸《か》し借《か》りをめぐる裁判でした。借り手の家庭でＤＶ（家庭内暴力）があったのですが、一審《いっしん》の時、イギリスの住宅関連の法律にはＤＶとは何かがまだ定められていませんでした。私が担当した控訴審を通してＤＶの定義がはっきりしたのです。似た事件が起きた時には踏襲《とうしゅう》される前例になりました」

イギリスＳＧＩの理事長を引き受ける時は悩んだ。「すばらしい活躍をしている法律家はたくさんいます。しかし、この立場に立つ人は一人しかいません。私は作家でもある妻と相談しました。彼女は『あなたがその道を進むのなら、私は全力でサポートします』と言ってくれました」。

創価学会を知るきっかけは一九八六年（昭和六十一年）、二十一歳の時にまきこまれた交通事

イギリスＳＧＩの中心拠点となるタプロー・コートの開所式を訪れ、参加していた子どもと握手を交わす池田（1989年5月、ロンドン近郊）©Seikyo Shimbun

故だった。「私の乗っていたバイクに対向車線《たいこうしゃせん》から車が突っ込んできたのです。右足を複雑骨折しました」。

落ち込んでいるロバートを心配した親友が「週末は両親がいないから遊びにおいで」と家に招《まね》いてくれ、話を聞いてくれた。月曜の朝、朝食を食べている時に親友の母親が家に帰ってきた。

「彼女が、つま先から太ももの付け根までギプスで固められた私の足を見て、こう言ったんです。『まあ、題目《だいもく》をあげるしかないですよ』って」

「若き日に教学を学び抜いた人は強い」

「親友のお母さんの名前はベティ・バーンゲル

ダーさん。先日タプロー・コートで御本尊《ごほんぞん》の授与式があり、私が担当したのですが、その時もベティさんが弘教《ぐきょう》した方への授与がありました」（ロバート・ハラップ）

ロバートは英国国教会の信徒の家庭で育った。そのころはイングランド南西部のデヴォンに住んでいた。

「私はベティさんの話を初めて聞いた時、シニカル（冷笑的《れいしょう》）でした。ベティさんの息子である私の親友も『やめときな、時間の無駄《むだ》だよ』と冷やかしていました。でも私は彼女が話すいろんな人の体験談に興味を持ちました。その日は一分ほど題目をあげて、家に帰りました」

帰り際にベティが持たせてくれたのが、藤井和雄たちが創刊したイギリスＳＧＩの機関誌「ＵＫエクスプレス」だった。

「数日かけて読みました。それが創価学会に入ろうと思ったきっかけの一つです。人の生命を論じた『十界論《じっかいろん》』の中身がとても興味深かった」

ロバートはそれまで役者を目指していた。「あの事故は、何のビジョンもなかった私の人生をプラスに転換してくれました。この信仰とめぐりあうための〝演出〟だったのだと思います」と微笑《ほほえ》む。

両親は「息子が変な宗教に入った」と心配したが、自宅を訪れる学会員の友だちの姿に触れて安心し、「逆に応援してくれるようになった」という。

骨折が治った後、デヴォン、ロンドン、ブリストルと住む場所を変えながらさまざまな仕事をした。「題目は欠かしませんでした。だんだんと、ヨーロッパを舞台に、平和や文化のためになる仕事をしたいと思うようになりました」。

一九八九年（平成元年）、タプロー・コートに池田を迎えた後、ロバートは大学に進もうと思い立つ。二十五歳でロンドン大学の門を叩き、最優秀の成績で卒業。ロースクールの奨学《しょうがく》金《きん》を受けて大学院に進み、三十二歳でバリスターの試験を突破する。

「先生がタプロー・コートでのイギリス青年部総会で、ダンテの生涯について話をされたことがありました。一九九一年のことです。私はブリストルで男子部の部長をしていました。総会の前後は運営スタッフとして大忙《おおいそが》しだったのですが、あのスピーチには本当に驚きました。ちょうどその年の秋からロンドン大学で、まさにダンテの『神曲《しんきょく》』を学ぶことになっていたからです」

*

池田は「ダンテの『神曲』ほど有名な本もない。そして、これほど実際に読まれない本もない」という言葉を通し、次のように話し始めた。

皮肉屋《ひにくや》で有名な、ここイギリスの小説家バーナード・ショー（一八五六年―一九五〇年）。彼に、こんなエピソードがある。

ある婦人が、一冊の書名をあげたところ、ショーは読んでいなかった。婦人は得意気《とくいげ》に言った。

「ショーさん、この本は、もう五年間もベストセラーですよ。それなのに、ご存じないとは！」

ショーは穏《おだ》やかに答えた。

「奥さま、ダンテの『神曲』は、五百年以上もの間、世界のベストセラーですよ。お読みになりましたか？」

ショーの面目躍如《めんぼくやくじょ》というところだが、イギリスでさえ『神曲』は「読まれない本」の代表なのかもしれない。

しかし、この一書は「ヨーロッパ文学の精髄《せいずい》」であり、「ダンテを知る者は文学の秘鑰《ひやく》（秘蔵を開けるカギ）を握《にぎ》る」とされる〝人類の永遠の宝〟である。その核心《かくしん》部分だけでも、若き日にふれることは有益《ゆうえき》であろう。ただ全部は難解《なんかい》であるし、必ずしも読む必要はないと思う。

それよりも当然、大切なのは御書《ごしょ》（日蓮の遺文集《いぶんしゅう》）である。……若き日に教学を学びぬいた人は強い。生涯の無限《むげん》の宝となる。

ただ、きょうはヨーロッパのメンバーにとって、背景がわかりやすいため、『神曲』をとおして、普遍的《ふへんてき》な人間の生き方を語っておきたい。

（『池田大作全集』第七十七巻）

「青年もまた、一人のダンテにならねばならない」

19世紀フランスの画家ドレが描いた『神曲』の挿絵(さしえ)。「地獄篇」で、聖職者の地位を利用し金儲けをした罪で逆さに埋められた者たちの姿が描かれている ©アフロ

「私は大学に入学する前に、先生からダンテの入門講座をしていただいたわけです。私たちがヨーロッパの文化をより広く知るために、あえてイタリアのダンテの話をイギリスで話されたことも強く印象に残りました」（ロバート・ハラップ）

（『神曲』は）キリスト教が基本になっているが、大事なことは、ダンテは自分の〝体験〟を語った。その際、当時

の思想や言葉を使うほかなかった――ということである。詳論《しょうろん》は省《はぶ》くが、ダンテも時代の子である。当時の思想の枠《わく》の中で語るのは当然である。

しかし、人間ダンテは、そうした時代・地域の枠を大きく打ち破っている。ゆえに非《ひ》キリスト教世界にも無数の読者を得た。きょう、諸君に語りたいのも、このダンテという一個の「人間」である――（前掲全集、第七十七巻）

ダンテは日蓮より四十三歳年下で、日蓮が伊豆流罪《いずるざい》から戻ったころに生まれたこと。時のローマ教皇《きょうこう》と戦い、冤罪《えんざい》で追放され「何もかも失った男」であること。「小さな『個人の悲劇《ひげき》』を、壮大な『人類の喜劇《きげき》』に変えた」こと。池田は語り続けた。

日蓮正宗《しょうしゅう》による創価学会の「破門《はもん》」という暴挙《ぼうきょ》に至る「第二次宗門《しゅうもん》事件」の嵐が、日本と海外のＳＧＩを襲《おそ》っている渦中《かちゅう》だった。

「ダンテがどれほど『裏切《うらぎ》り者』に厳しかったか」――池田は「仏法の世界における裏切りは、その瞬間から生命は地獄《じごく》である。何よりそのことが哀《あわ》れでならない」と訴える。

まさか創価学会の会合でダンテの生涯を語られるとは――。総会に参加していた人々は驚き、「青年もまた、一人のダンテにならねばならない」と語る池田のスピーチに聞き入った。


人生はあっという間である。青年部として、広宣流布の時に生まれあわせ、「法」も弘《ひろ》めず、「人」も救わず、歴史を残さなかったならば、永遠に悔《く》いを残すであろう。「可《か》もなく、不可《ふか》もなく」は不可である。

初代会長牧口先生は「善《よ》いことを行わないのは、悪いことをするのと同じである」と言われた。

とくに日本の青年部は、大きくできあがった広布の世界に安住して、そこで遊戯《ゆうげ》しているだけならば、あまりにも安易《あんい》である。真に「生きた」という実感のない人間になってはならない。自分たちの世代で、自分たちの大いなる広布前進の歴史をつづらねばならない。それでこそ「勝利の青春」である。（同）

ロバート・ハラップは語る。「私が人から『ダイサク・イケダとはどんな人？』と尋ねられた時には、こう答えています。〝両肩《りょうかた》を抱きながら『君には無限の可能性があるんだ！』とすべての力《ちから》を注いで励ましてくれる、そんな師匠なんだ〟と」。

「現世《げんせ》の評判など、微風《びふう》のようなもの」

欧州SGI女性部長のスザンヌ・プリチャードも「九一年、九四年のヨーロッパ訪問では、

ダンテを通して権力の横暴《おうぼう》について話されたことがとても印象に残っています」と語る。

スザンヌたちが参加した欧州ＳＧＩの代表者会議で池田は、『神曲』の言葉に託《たく》して語った（一九九四年六月四日、イタリアのミラノ）。

「なぜきみは心ひかれて／のろのろ歩くのだ、彼らの私語《しご》など／いったいきみになんの関係があるのだ」（野上素一訳、以下同じ）

「現世《げんせ》の評判など、今日はこちらへ明日は／あちらへ吹き、その方向が変わると名も変わる／一陣《いちじん》の微風《びふう》のようなものです」

「世間には心に正義をいだくものが多いが、決心がつくまで弓をとらぬので、射《い》るのも遅《おく》れる」

――遅れては価値がない。ダンテは生きている間、暴風雨《ぼうふうう》の中を歩いた。しかし、心には、晴ればれと青空が、そして大宇宙が広がっていた。

「この緑の丘で、イギリスの若き地涌（じゆ）の勇者である皆さん方と、しばし仏法の語らいをしましょう」――タプロー・コートから車で二十分ほどの場所にあるウィンター・ヒルで、小柳建二はじめスタッフらと懇談する池田（一九八九年五月）©聖教新聞社

『神曲』の天堂篇《てんどうへん》は、その結晶《けっしょう》である――（前掲全集、第八十四巻）

「イタリアのボローニャ大学での講演（一九九四年）も、ラストは『神曲』から『恐れるな』という有名な一節を引用されました。あれらの言葉は先生自身の心だったのだと、今になって思います」（スザンヌ・プリチャード）

＊

一九八九年（平成元年）、九一年（同三年）、九四年（同六年）と、小柳建二は車両スタッフとしてタプロー・コートで行われる行事を支えた。「イギリス初の日系《にっけい》輸送《ゆそう》会社」をつくり、今はドイツ、オランダ、ベルギー、フランスにも支店を広げている。

おもに海外への引っ越しの梱包《こんぽう》、運送、通関《つうかん》手続きなどの一切を担う。きめ細かいサービスが評判になり、女性初のイギリス首相になったマーガレット・サッチャーが首相官邸《しゅしょうかんてい》に入る時も、官邸を去る時も、建二たちの会社が引っ越しを手がけた。

「一九八九年五月二十九日の朝、タプロー・コートから車で二十分ほどのウィンター・ヒルという丘で、先生と何人かのスタッフが懇談《こんだん》したことがありました」

緑の斜面《しゃめん》に座り、皆でテムズ川の流れを眺《なが》めながら語り合った。

――仕事でも、結婚でも、勉強でも、大変な時期がある。これは避《さ》けられない。信心も同じです。落ち込むことがある。勤行も題目もできないことがあるかもしれない。

しかし、御本尊様さえ抱きしめていけさえすれば大丈夫だよ――

この時の池田の一言一言が建二は忘れられないと述懐《じゅっかい》する。

「先生は『うまくいかないからといって、あきらめてはならない。時には行き詰まってしまうこともあるだろう。それは山の裾野《すその》にいるようなものだ。御本尊様を抱きしめていれば、間違いなく山を登り切っていける。山を登り切れば素晴らしい景色を見渡せる。これを変毒為薬《へんどくいやく》というんだよ』と言われました。『木でも、植物でも、根っこさえしっかり張っていれば、栄養が少なくても、太陽が当たらなくても、倒れない。生き延《の》びられるし、成長できるんだ』とも言われました。私は長野の山育ちですから、そのとおりだと感じました」

＊

小柳建二は一九四七年（昭和二十二年）、長野の売木《うるぎ》村で生まれた。

「両親と兄と妹と私の、典型的《てんけいてき》な貧乏人《びんぼうにん》と病人の家族でした。父が医者から見放された時、東京にいた母の妹夫婦が父を折伏《しゃくぶく》したのがきっかけです。昭和三十三年でした」

父の芳市《よしいち》は創価学会に入った後、入院。母の周子《かねこ》は一軒ずつ弘教に歩き始めた。「村の人は『芳市さんはもう帰ってこない』と言っていました。私も寝たきりの父が働いているところを見たことがありませんでした。その父が二年半で健康を取り戻して帰ってきたんです。村中にものすごいインパクトがありました」。

母の周子が子どもたちによく言って聞かせていたのは、「この仏法は世界中に広まる」という一言だった。ケアホームに入った九十六歳の今も、御書を読み、「一日に一〇〇〇字書く」ことを日課にして、心にかける友人に宛てて手紙を書く日々である。

建二は中学を卒業する時、謝恩会《しゃおんかい》の挨拶《あいさつ》で「ぼくはこの仏法を証明します。皆さん、見ていてください」と啖呵《たんか》を切った。「大病を乗り越えて村中を元気に折伏《しゃくぶく》に歩くようになった両親をからかい、学会を馬鹿《ばか》にして、見下《みくだ》してきた世間《せけん》に対する挑戦だったのかもしれません」と振り返る。

一九六五年（昭和四十年）に上京。「日中国交正常化提言を発表された昭和四十三年の学生部総会にも二階席で参加しました。あの日の夜、初めてテレビで先生の姿を見ました。当時、日中友好を訴えた先生に対する批判があったのを強烈に覚えています」。

「これからは君たちが世界に行く番だ」

海外に渡ろうと思い立ったきっかけは、一九七二年（昭和四十七年）夏の研修会だった。

「私は研修会に運営スタッフとして参加していました。あの時、ちょうど来日していた海外のメンバーの大リーグ選手から先生にグローブとバットが贈《おく》られたんです。

先生は会合の合間に、彼らと野球の親善《しんぜん》試合をされていたのですが、たまたまその場を通りかかった私たち五人くらいを見つけて記念撮影されて、『今こうして世界のメンバーが日本に来ているけど、これからは君たちが行く番だよ』と言われました。それから友人と世界地図を広げて、どこへ行こうかと本気で考え始めました」

七三年（同四十八年）にイギリスへ渡った。「三カ月、ブライトンという町でホームステイした後、ロンドンに出ました。夜十一時から朝の七時までウェーターのバイト、寝てから午後に学校、夜は学会活動。通信社やモヤシ洗いのバイトもしました」。

無《む》我《が》夢中《むちゅう》で過ごした三年後、イギリス最大手の引っ越し会社に入り、頭角《とうかく》を現して独立を果たす。

妻の貴美江とともに、イーストイングランド方面のリーダーとして活躍しながら、二〇〇〇

目の前の人を笑顔にしたい――メンバーの輪の中で手品を披露する池田。一瞬の技に拍手が広がる（1989年5月、ロンドン近郊）

年代に苦しんだ経営危機もなんとかしのいだ。

貴美江は、イギリスＳＧＩの土台を固めたリチャード・コーストンが生前《せいぜん》話していた、「私が死ぬ前に、イギリスのどの町にもＳＧＩメンバーが生まれるようにしたい」という言葉が忘れられないと語る。

「私はイギリスに来る前、日本の女子部で一生懸命に活動していましたが、コーストンさんに会った時、イギリス人なのになんでこんなに池田先生の心がわかるんだろう、本当にこんなイギリス人がいるんだ、とビックリしました。

実際に今はイギリスのどこに行ってもメンバーがいます。この仏法はどこにでも広まっていくのだということを実感しています」

第6章 鉄則は「大衆に尽《つ》くす」

——イタリア①

繁栄を誇ったローマ帝国は滅《ほろ》び、帝国が弾圧し続けたキリスト教は世界へと広まった。なぜなのか。池田は歴史を繙《ひもと》きつつ結論する。

「大衆に尽《つ》くしたから、勝った」

これが鉄則《てっそく》である、と。イタリア創価学会の発展の大道も、「一人に尽くす」池田の行動によって切り拓《ひら》かれていった。

アマリア・ミリオニコは物静かな人だった。「ダディーナ」という愛称《あいしょう》で親《した》しまれていた。足が不自由で、一本の杖《つえ》をたよりに歩いた。座談会や個人指導の行く先々で、ゆっくりと歩く彼女の姿を、ローマの創価学会の草創期《そうそうき》を支えてきた人々は皆、覚えている。

〈私が信心を始めたころは、ローマで仏法の活動がようやくその緒《ちょ》に就《つ》いたばかりでした。……イタリアはカトリックの国ですから、この仏法を持続することに苦労はありました〉（アマリア・ミリオニコの手記）

イタリア創価学会が、まだ小さな「イタリア支部」だったころ、アマリアは初代婦人部長を務めた。英語、フランス語、そして日本語に堪能《たんのう》だった。御書《ごしょ》（日蓮《にちれん》の遺文集《いぶんしゅう》）をイタリア語に翻訳《ほんやく》すること。これをライフワークに定《さだ》めた。ヨーロッパのＳＧＩ（創価学会インタナショナル）で教学《きょうがく》の雑誌を初めて刊行したのはイタリアである。

イタリア文化会館を初めて訪れ、ローマの創価学会の草創期を支えたアマリア・ミリオニコと握手する池田（1992年6月、フィレンツェ）©Seikyo Shimbun

だれよりも真っ先に励ましたい人

池田大作はアマリアを「ローマの羅什《らじゅう》」と呼んだ。鳩摩《くま》羅什――「妙法蓮華経《みょうほうれんげきょう》」の漢訳《かんやく》を残した天才翻訳家《ほんやくか》になぞらえ、「イタリアSGIの青年部が、近年、空前の発展をしてきたのも、この方によるところが大きい」と語った（『池田大作全集』第六十一巻）。

アマリアはイタリア人の創価学会員として、初めて日本を訪れた先駆者《せんくしゃ》でもある。〈数えるほどしかメンバーがいなかった草創期から、今のイタリアを築《きず》いてこられた功労者である。……だれよりも真っ先に会って、ねぎらい、たたえ、励ましたい人である〉（同全集第一二一巻）。

松岡資《おさむ》は聖教新聞の記者として、かつて取

材でアマリアの自宅を訪れた。本棚に並ぶ日本語や中国語の辞典類の多さに圧倒されたという。

「まるで国文学《こくぶんがく》や漢《かん》文学の学者のような部屋に、穏《おだ》やかなイタリア人女性が座っているのです。驚きました」。

アマリアがこつこつと訳し続けた御書には、次のような一節がある（弥源太《やげんた》殿御返事、御書一二二七㌻）。

〈……日蓮のことを「杖《つえ》」とも「柱《はしら》」とも頼りにしてください。険《けわ》しい山も、悪い道も、杖をつけば倒れません。とくに、手を引かれれば、転ぶこともありません〉（現代語訳）

ここ数年、ヨーロッパ諸国の創価学会のなかで、最も伸展《しんてん》著《いちじる》しいイタリア。日蓮仏法を「杖」とし、「柱」として生き抜いてきた、池田の弟子たちの歩みをたどる。

遥《はる》かなる伊の国

昭和四十年代――ローマに住むイタリア人銀行マンが、ある雑誌で「ソウカガッカイ」の特集記事を読んだ。興味をもち、駐イタリア日本大使館に問い合わせると、東京の住所を教えてくれた。イタリアに創価学会員はいませんか？――東京に宛《あ》ててエアメールを送った。ほどなく返信が来た。そこにはローマの自宅を座談会場にしているアマリア・ミリオニコの連絡先が記されていた。

アマリアは一九二七年（昭和二年）、〝地中海で最も美しい〟といわれる海に恵《めぐ》まれた、サルデーニャという島で生まれた。

イタリア語版の『御書』第1巻。五大部（立正安国論、開目抄、観心本尊抄、撰時抄、報恩抄）を含む172編が収録されている
©Seikyo Shimbun

十代後半でポリオ（小児《しょうに》麻痺《まひ》）に罹《かか》り、両足に麻痺が残ってしまう。苦学の末、ローマ大学の医学部を卒業して医師になったが、体力が追いつかず、臨床《りんしょう》の現場を離れた。

言葉を学ぶのが好きで、四十歳を前にしてローマの日本語学校に通い始めた。その学校で知り合った日本人女性から、初めて創価学会の話を聞いた。一九六六年（昭和四十一年）のことだった。

アマリアは「その時、私は宗教には興味がないからと断りました。ところが、しばらくして彼女は、パリから来たという二人の画家を連れてきました。話の内容はよく覚えていませんが、私は二人の人柄《ひとがら》と熱意に動かされて決意したのです」と語り残している。

＊

創価学会に入る前、「仏法は〝生命を解き明かした哲学〟である。科学や医学とも矛盾《むじゅん》しない」と聞かされた。アマリアは医師として、医学の可能性も、限界もわきまえているつもりだった。「仏法は合理的で、科学的」という説明は、創価学会の信仰を選ぶきっかけの一つだった。

来日した時の取材で、「今は信じてもらえませんが、私は本当に内気で、人前に立つこと自体が恐怖《きょうふ》でした」と語っている。会合で一言話すことがあまりに苦しくて、涙がこぼれたこともあった。

しかしある日、心が変わる出来事があった。それは信心を始めて半年ほど経《た》ったころだった。

――自宅で祈っていると、「とても楽しい」と感じていることに、ハッと気付いたんです。まるで「胸の奥から喜びがこみ上げてくる」ような感じです。今までそんな気持ちになったことは一度もありませんでした。それまでの私は寂《さび》しがり屋で、いつも孤独感《こどくかん》にさいなまれていただけに、これは何かあるなと思いました――

どうしても合理的には説明のつかない変化が、自分の心に起こった。この驚きが、アマリアの仏法者としての原点になった。

「なぜ、自分の内面に変革をきたしたのだろう？　私はこのことを知りたくて、日蓮大聖人《だいしょうにん》の生命哲学の探究を始めたのです。そして、『信《しん》は理《り》を求め、理は信を深める』の原理のとおり、学べば学ぶほど、その深さに魅《ひ》かれました」

＊

かつて池田の師である戸田城《じょう》聖《せい》（創価学会第二代会長）は、

信仰＝「信」と理性＝「理」は、決して切り分けることができない。

〈信は理を求め、
　求めたる理は信を深からしむ〉

と巧《たく》みに表現した。池田は「月刊朝鮮」のインタビューで、この戸田の言葉を通して「『理』とは論理性、すなわち『疑問』『徹底して考え抜くこと』と言い換えられます」と語っている（二〇〇八年十一月十二日付「聖教新聞」）。

「ある意味で、信仰の延長は知性です。知性の延長は信仰へとたどりつきます。真実の宗教は……人々を鋭《するど》き〝知性〟に目覚めさせ、〝賢《かしこ》く〟していく――これが仏法と出あい、六十年以上、信仰をしてきた私の確信です」（同）

アマリアは、三十九歳の自分に訪れた不思議な体験を忘れず、その体験を土台にして「理を求める」道を進んだ。やがてその歩みはイタリアの多くの若者たちが「信を深める」道を開いていく。

〈イタリアには実践よりも理論に興味をもって、自分だけの信仰を続ける人が多かった。その

壁《かべ》を破《やぶ》ったのが青年たちでした〉（アマリア・ミリオニコの手記）

〈遥《はる》かなる
伊の国
友の幸せを
佛《ほとけ》に祈り
われも護《まも》らむ〉

一九七五年（昭和五十年）一月、グアムでＳＧＩが結成された。その折、池田がイタリアの人々に贈《おく》った歌である。イタリアからはアマリアとともに、初代イタリア支部長の金田光弘が出席した。

「イタリアでは、青年部の皆さんが小説『人間革命』を徹底して読みました。池田先生は昭和五十四年に第三代会長を辞任された後、『私に希望を与えてくれたのは、台頭するイタリアの青年だ』と言われました。そのことがイタリア創価学会の誇《ほこ》りです」と語る。

光弘の娘の多美子は、イタリア創価学会の青年部長などを歴任し、婦人部書記長として活躍している。

「私が子どもだった一九七〇年代は、イタリアに住む日本人は本当に少なく、人種の違いを理

欧州初訪問の際、古代ローマ時代の遺跡「フォロ・ロマーノ」を視察する池田ら。この日、池田は同遺跡を２度訪れた（1961年10月、ローマ）©Seikyo Shimbun

由に、よく嫌《いや》がらせを受けました。『両親が日本で暮らしていれば、もっと生活も楽だったのに』と、子どもも心に思ったこともあります」と微笑《ほほえ》みながら語る。

池田が初めてイタリアを訪れたのは一九六一年（昭和三十六年）十月十九日。イタリアで暮らす学会員は、たった一組の家族しかいなかった。

永遠にこわれないもの

「一九六一年は、前の年にローマオリンピックが終わって、ちょうどレオナルド・ダ・ヴィンチ空港が海の近くに完成したばかりでした。八万人を数えるようになった今では信じられませんが、イタリアに住んでいる学会員は、たしかに私たちの家族四人だけでした」

　山崎哲夫は十一歳だった。ローマの自宅に池田が立ち寄った時、左手に松の小枝を持ったまま、右手でしっかり握手したことを覚えている。

「日本では仏壇《ぶつだん》にシキミ（樒）を供《そな》えますね。しかしイタリアにはシキミなんてありません。あの日は親から『シキミの代わりに松の葉っぱを探してきて』と頼まれたんです」と笑ってふりかえる。

　哲夫の父、山崎定雄は「ローマ地区」の初代地区部長を務めた。母の公子は、同じく初代の地区担当員（現在の地区婦人部長）である。

　定雄は太平洋戦争の敗戦をバタヴィア（現在のインドネシアの首都・ジャカルタ）で迎えた。

「二十三歳で国が敗《やぶ》れて、父は夜学に通いながら、自治省（現・総務省）で働き始めました。創価学会に入ったきっかけは結核《けっかく》だったそうです」（山崎哲夫）。

　定雄の双子の妹が、「聖教新聞」を配達していた。一九五四年（昭和二十九年）、妹のすすめで一家そろって信心を始める。

　しばらくして、海外赴任《ふにん》の多い仕事に転職する。「両親は日本にいる時、千葉の船橋で地区部長、地区担当員として走り回っていました。父の結核を克服したことが、家族にとって大きな励みでした」（山崎哲夫）。十一歳の哲夫、四歳の明子を連れて家族四人でローマに移り住んだのは、池田が訪れる半年ほど前のことだった。

＊

初めてのヨーロッパ訪問で、池田は十カ国を回った。イタリアは最後の訪問国だった。ローマに着いた翌日（十月二十日）、池田は山崎定雄たちをともなって市内を散策《さんさく》している。山ほどある観光名所のなかから、一つを選んだ。

フォロ・ロマーノ（ローマ市民の広場）。「すべての道はローマに通ず」といわれ、権勢《けんせい》を誇《ほこ》った古代ローマ帝国の〝生まれ故郷〟である。すぐそばに「パラティーノ」と呼ばれる丘《おか》がある。かつてローマ皇帝が住み、英語の「パレス」（宮殿）の語源になった。

この日の午後、池田はフォロ・ロマーノを訪れ、夜にも、もう一度足を運び、壮大な廃墟《はいきょ》の中にたたずんだ。

「フォロ・ロマーノは池田先生にとって、強く印象に残る遺跡《いせき》だったようです。夜に訪れた際、同行した父たちに『人間の作ったものは、やがてこわれる。われわれは永遠にこわれないものを作るんだ』と言われました」（山崎哲夫）

池田たちの頭上には、二〇〇〇年前と変わらない月が、上弦《じょうげん》から満月へとふくらみ始めていた。

〈……繁栄《はんえい》を誇ったローマ帝国が滅《ほろ》びゆくことを、当時の人びとは、想像することができたであろうか〉――フォロ・ロマーノに立った時の思いを、池田は小説『新・人間革命』に綴《つづ》っている（第五巻）。

　草創期のキリスト教は、ローマ帝国によって徹底的に弾圧され、無数の殉教者《じゅんきょうしゃ》を生んだ。

〈……屈《くつ》したのは、キリスト教徒ではなく、武力を自在に操《あやつ》り、弾圧してきたローマ帝国であった。三一三年、遂《つい》にローマ皇帝コンスタンティヌスは、キリスト教を公認し、やがて、ローマは、キリスト教の都となったのである〉（同）。

　また後年、青年部の会合では「（キリスト教は）ローマ帝国という、当時の世界一の権力に対《たい》抗《こう》して、迫害また迫害、殉教《じゅんきょう》また殉教の連続であった。それなのに、結局は、大ローマ帝国を動かす〝宗教界の王者〟となった。そして、ローマ帝国が滅亡《めつぼう》した後までも、世界へと広まっていった。なぜなのか」と問いかけている（『池田大作全集』第八十九巻）。

　池田はまず「殉教の精神——これこそが根本である」と語った。

　そしてこう続けた。「キリスト教は、初めは小さな、貧《まず》しい集まりにすぎなかった。だれも重要視していない。むしろ、バカにしていた。そのキリスト教が、どうして、ここまで広がったのか。これについて私は、トインビー博士と論じあった」（同）。

だれが一番偉いのか

　なぜ、草創期のキリスト教は大衆の心をつかめたのか。池田は歴史学者のトインビーが挙《あ》げた「三つの理由」を、青年部のリーダーたちに紹介していった。

「チャオ（こんにちは）、センセイ！」。池田を見つけ駆け寄ってきた子どもたちと記念の写真に納まる（1992年6月、フィレンツェ）©Seikyo Shimbun

第一に「大衆を、たんなる『労働者』としてあつかわず、一人一人を『魂をもつ人間』として、あつかったから」。

第二に「自治体も帝国の政府も面倒を見ていない、いちばん苦しんでいる『孤児《こじ》』『未亡《みぼう》人《じん》』『病人』『老人』の世話をしたから」。

そして第三に「自分たちの支持者を増やそうという野心ではなく、私心《ししん》を捨てて、ただ、キリストの教えのままに大衆の面倒を見たから」。

「〝一人〟を考える。一人一人を思いやる。

創価学会も、民衆一人一人の現実の苦悩に同《どう》苦《く》してきた。

諸君のお姉さん・お兄さん、お父さん・お母さん、おじいちゃん・おばあちゃん――皆、そうである。

一軒《いっけん》一軒、弘教《ぐきょう》に歩いた。一人一人、いろいろな話を聞いてあげた。〝一人〟のために、それはそれは、たいへんな苦労を積み重ねてきた。『自分も苦しかったんだよ』。あるいは『今も、苦しみと戦っているんですよ』と」（同）

かつて弾圧《だんあつ》した国家は滅び、キリスト教は残った。それは「要するに、どんな競争相手の宗教よりも、また、どんな政府や役所よりも、『大衆のために尽くした』からである」――これがトインビーの結論だった。

月明かりに照らされたフォロ・ロマーノの神殿跡《しんでんあと》で、池田は、

〈ローマの
　廃墟に立ちて
　吾《われ》思う
　妙法の国
　とわにくずれじ〉

と詠《よ》んでいる。「永遠に崩《くず》れぬ妙法の国」を、どうやって築くのか。学会の「永遠性《えいえんせい》」を確立するために、欠かせない要件は何か。

池田は青年部に訴えた。

「創価学会は、大衆に尽くしぬいてきた。今も尽くしている。だから、大衆の心をつかんだ。

これ以上に強いものはない。『大衆に尽くしたから、勝った』――。これが鉄則である。諸君は、この歴史の教訓を、一生涯《いっしょうがい》、忘れないでいただきたい。きょう、諸君に教えたいのは、この一点である」（同）

「だれがいちばん偉《えら》いのか。〝大衆〟である。〝庶民〟である。

……現実に、だれが本当に一生懸命《けんめい》、弘教しているか。だれが一心不乱《いっしんふらん》に広宣流布《こうせんるふ》へ働いているか。それは、ほとんどが婦人部であり、名もなき庶民である。

立派そうな肩書をもつ人間は、見栄《みえ》を張って、捨て身で戦えない。戦えない人間の、どこが偉いのか。仏法の眼《まなこ》から見れば、人間の眼から見れば、何も偉くない」（同）

「『法』――仏法そのものは永遠である。また、七百年前から、（日蓮）大聖人《だいしょうにん》の仏法はあった。しかし、その大法をもって、『大衆に尽くした』のは、創価学会だけである。……今の世界広宣流布の姿は、私たちが、来る日も、来る日も、『会員に尽くしてきた』から、できあがったのである。（拍手）

私も四十年、五十年、毎日、朝から晩まで、会員に尽くしてきた。その事実は御本尊《ごほんぞん》が知っておられる。自分のことではあるが、後世《こうせい》のために、あえて言っておきたい。

だからこそ日本一、世界一の学会になったのである。簡単に考えてはならない。

できあがった基盤《きばん》の上に、苦労もせず、会員のために生命をすり減らすこともなく、要領《ようりょう》よく泳いでいく――今後、指導者が、そのようになったら、おしまいである」（同）

知識は世界に求めよ
智慧《ちえ》は仏法に求めよ

山崎定雄はローマに赴任《ふにん》していた六年間で、三度、池田を迎えた。

「永遠にこわれないもの」とは何だろうか。月光に包《つつ》まれて聞いた池田の一言が、耳から離れなかった。

「当時、ＮＡＴＯ（北大西洋条約機構）の米軍基地がヴェネチアに近いビチェンツァという町にありました。そこに学会員がいると聞けば、父は小学生の私を乗せて基地まで車を走らせました」（山崎哲夫）

ドイツＳＧＩの草創を担《にな》った佐藤幸一は当時、炭鉱《たんこう》の町カストロップ＝ラウクセルで真っ黒になって働いていた。ある日、ローマから山崎夫妻が励ましにきてくれたことを今も覚えている。「昭和三十七年の春の終わりでした。スイスのアルプスを越えて、アウトバーンを飛ばして、はるばる私たちのところまで来てくれたんですよ。御書を一緒に学びました。『あなたがたは先駆者だから、ドイツでがんばってほしい。私も必ずイタリアで結果を残していくから』って。うれしかったです」。

海外で働くことが多かった定雄は、〈語学力なくしては活躍の余地《よち》はない〉と手記に書き残している。これはローマを訪れた池田から強く諭《さと》された指針でもあった。

一九七〇年（昭和四十五年）、インドネシアのスラバヤに赴任した定雄は、得意だったインドネシア語を駆使《くし》し、インドネシア創価学会の草創期を生きることになる。

＊

「池田先生から『イタリア語といえば中島さん、中島さんといえばイタリア語と言われるようになりなさい』と言われました。何度も『今は学生なのだから勉強しなさい。折伏《しやくぶく》は焦《あせ》らないでいいから』と」

そう語るのは中島寿子《としこ》である。六二年（同三十七年）、武蔵野美術大学を卒業した後、ローマに移り住み、油絵を学んだ。

「東京で行われた学生部の会合で、先生が『これからは、知識は世界に求め、智慧《ちえ》は仏法に求めよう』と言われました。この一言が留学を後押ししてくれたんです」

池田は二度目のローマ訪問の際、ナポリ湾を望むポンペイまで足を運んだ（一九六三年一月）。西暦《せいれき》七九年、ヴェスヴィオ火山の大爆発で滅《ほろ》んだ大都市の遺跡がある。

寿子は現地ガイドのイタリア語を日本語に通訳した。「先生はポンペイ遺跡で、ローマ地区部長の山崎定雄さんではなく、不勉強だった私にあえて通訳を頼まれました。もう必死で訳しました」。

石畳を歩く池田の左右に、掘り起こされた町並みが続く。ポンペイは現代の社会によく似ていた。研究が進み、〈多様な文化が混在し、さまざまな言語が飛《と》び交《か》い、人々はファストフード店でランチをとり、高級輸入《ゆにゅう》食材を自宅で楽しんでいた〉ことがわかっている（「ナショナルジオグラフィック日本版」サイトから）。

町は火砕流《かさいりゅう》や土砂《どしゃ》にのみこまれ、二万人の住民のうち、二〇〇〇人が命を落としたといわれる。

たどたどしい寿子の説明に耳を傾けながら、池田は一夜にして滅んだ巨大都市を熱心に見て回り、

「有形《ゆうけい》のものは、いつか滅びる」「自然の力《ちから》には、かなわないな」

「〝永遠の都〟のローマも、永遠ではなかった」と口《くち》にした。

しばらく経《た》ったある日、寿子の部屋のポストに日本からのエアメールが届いた。送り主は池田だった。「急いで封《ふう》を切ると、〈お父様にお目にかかりました。非常に優しそうな方《かた》でした〉と書かれていました。日本の会合で父と会ったことを、わざわざ知らせてくださったのです。本当に驚きました」。

手紙の文面は〈僕をお兄さんと思って、何でも書いていらっしゃい〉〈地涌《じゆ》の菩薩《ぼさつ》であることを自覚して戦いなさい〉と続いていた。

若い日本人女性が一人でイタリアに渡り、しかも厳しい芸術の世界で生きていけるのか。池田は寿子の将来を兄のように心配し、励ました。大学を卒業した寿子は、オペラや映画の舞台

装置の仕事に携《たずさ》わるようになる。

寿子がローマに来た三年後、弟も留学のためローマへやってきた。のちにイタリア創価学会理事長を務めることになる中島保である。「私がイタリアに行った時、学会員の数は十八人でした」と述懐《じゅっかい》する。

２度目のイタリア訪問でローマの古代遺跡コロッセオに足を運んだ池田（1963年1月）。「コロッセオ」とは巨大な建物の意味で、文豪ゲーテは「このように宏大な劇場をながめると、他のものはすべて小（ち）っぽけに見えてくる」（相良守峯訳『イタリア紀行（上）』）と綴っている ©Seikyo Shimbun

ある時は、寿子のもとに東京から一冊の本が届いた。出版されたばかりの池田の指導集だった。表紙を開くと、池田の直筆《じきひつ》が目に飛び込んできた。

見返しに〈姉弟に 栄光あれと ぼくはいつも 祈っている。いつまでも 身体を大切に朗《ほが》らかな逞《たくま》しき信心を。中島寿子様〉と綴られていた。

〝一人〟を考える。一人

一人を思いやる——池田のこの信条は、イタリアの地にも静かに行きわたっていった。

「生きた言葉」は座談会で習った

中島保は一九四一年（昭和十六年）、満州《まんしゅう》（現在の中国東北部）の奉天《ほうてん》で生まれた。「敗戦の時は四歳ですから、あまり記憶がありません」。そう言った後、穏やかな口調で続けた。「覚えているのは……乳《ち》飲《の》み子《ご》だった妹の範子が引き揚げの途中に死んで、大人が遺体《いたい》を埋《う》めようとしたのですが、地面が凍《こお》っていて、どうしても穴が掘《ほ》れなかったことです」。「飯盒《はんごう》に入れたおこげのおにぎりが凍《こお》って、カランコロンと鳴る音も覚えています。爆撃機《ばくげきき》が襲《おそ》ってくる時の音は、今でも映画やテレビで聞くと『嫌《いや》だ！』と感じます。父の故郷の福岡に戻ったのは冬でした。消毒のためにＤＤＴ（殺虫剤）をワーッとかけられて、全身真っ白になりましたね」

父の敏男は機械技師《きかいぎし》だった。戦争中、満州の精密《せいみつ》機械工場で働いた。敗戦後はソ連軍に精密機械とともにむりやり連れ去られてしまう。残された母のみち子、姉の寿子、保、妹の範子の四人で日本に帰ろうとしたが、叶《かな》わなかった。

「母は子どもに食べさせることを優先させました。そのために自分の母乳《ぼにゅう》が出ず、妹を栄養失調で犠牲《ぎせい》にしてしまったと、罪の意識を抱《かか》えていました。いっぽうで『あんなつらい思いをして生きて帰ってきたのには、必ず理由がある』とも思っていました。その思いが、創価学会に入る理由につながりました」

父の敏男からは数年間、音沙汰《おとさた》がなかったが、幸い無事に戻ってきた。「家族で福岡から神戸に引っ越して、父は関西アルミという会社で働きました。そこの同僚から学会の座談会に誘われたんです。昭和三十一年でした」。

最初、母のみち子は反対した。「母は『新聞に暴力宗教だと載《の》っていましたよ。新聞にウソは出ないでしょう』と父を責めて、父は座談会で聞いた体験談を語る。しばらくその繰り返しでした」。

やがてみち子も納得し、一家で学会に入る。「当時は梅田支部の兵庫地区だったので、よく大阪まで会合に出かけました」。

＊

翌年、池田が冤罪《えんざい》で捕らわれの身となり、大阪の中之島で抗議集会が開かれた（『「民衆こそ王者」に学ぶ　常勝関西の源流』に詳述）。敏男とみち子は、この「大阪大会」に神戸から駆《か》けつけている。「帰ってきた両親は『あの土砂降《どしゃぶ》りの雨で、誰も帰らないんだ。すごかった』と話していました」（中島保）。

保自身は、日大講堂で行われた池田の第三代会長就任式に場内スタッフとして参加している。

「私も姉と同じく、学生時代に池田先生から『語学を磨《みが》いて世界を目指せ』と言われて、勉強に本腰《ほんごし》を入れました」

一九六五年（昭和四十年）、片道だけの航空券でイタリアに向かい、ローマの美術学校に入学した。その二年後、池田がローマを訪れる。五度目のイタリアだった。

「……法政大学を卒業して美術の勉強のため、イタリアの美術大学に進んだナカジマ君と会うために、パリからローマへ向かった。ホテルのエレベーターで、やせ細ったナカジマ君の健康を気遣《きづか》い、励ましたことも本当に懐《なつ》かしい」（池田のスピーチ、二〇〇三年三月十一日付「聖教新聞」）

「エレベーターに乗り合わせた時、しみじみ『やせてるなあ』と言われたことを覚えています。『いくつになった？』『イタリアでは何をしているの？』といろいろ聞いてくださいました」（中島保）

この時、保はイタリア青年部の責任者になった。七〇年（同四十五年）、大学を卒業するタイミングで就職難にぶつかる。「イタリアは『アンニ・ディ・ピョンボ』――鉛《なまり》の時代――に入っていました。一言でいうと〝連続テロの時代〟です。元首相を誘拐《ゆうかい》して殺した『赤い旅団』というテロ組織が有名でした」。

六九年（同四十四年）の十二月、ミラノのフォンターナ広場やローマのヴェネチア広場などで同じ日に爆発が起き、十七人が命を落とした。「イタリア人で知らない人はいない」といわ

フォンターナ広場での爆破事件にまきこまれた犠牲者の葬儀（1969年12月）
©Newscom／アフロ

れる「フォンターナ事件」である。

六〇年代の学生運動の影響で、デモやストライキも多かった。保はやっとの思いで中学の体育教師の働き口を見つけた。「日本で柔道をやっていたことが生かせました。何が役に立つかわからないものです」。

＊

保の妻のアサは今、欧州ＳＧＩの副女性部長を務めている。「本当の、生きているイタリア語はローマの座談会で習いました」と語る。

アサは七四年（同四十九年）、二十八歳でローマに渡った。生け花教室を開くのが夢だった。

「ペルージャの学校でイタリア語を勉強したんですが、同じクラスに池田シズエさんという沖縄出身の方がいました。彼女が学会員だったんです」。

ローマで創価学会に入ったアサは、二年ほど日本に戻った。その間、家族全員に弘教《ぐきょう》し、再びローマに赴《おもむ》く。

「とにかくイタリア語に苦労しました。イタリアのメンバーから『次の座談会で、仏法の〝十《じっ》界論《かいろん》〟をイタリア語で教えてくれ』と言われた時は困りました。ペルージャの学校で日常会話は話せるようになりましたが、『十界互具《じっかいごぐ》』や『宿命転換《しゅくめいてんかん》』をどう伝えればいいのかは習いませんから」

座談会で仏法用語を耳にしても、初めのころは、そもそもイタリア語のスペル（綴《つづ》り）がわからなかった。カタカナでノートに書き取り、家で辞書を引いては台所にメモを貼《は》り、何十回も声に出して覚えた。結婚して長男が生まれるまで、ローマ市内の百貨店で働きながら、念願の生け花教室も開くことができた。

「イタリアに来られた池田先生から『いろんなことがあるけど、全部、自分の肥《こ》やしだよ。人《にん》間革命《げんかくめい》の肥やしになるよ』と励まされたことがありますが、本当にその通りでした」

歴史を綴《つづ》る母

「鉛の時代」と呼ばれた七〇年代、日本人とイタリア人だけでなく、アメリカをはじめ、いくつもの国の人々がローマの座談会に集まるようになっていた。

アマリア・ミリオニコが御書のイタリア語訳に力《ちから》を入れ始めたのもこのころだった。英語からの重訳《じゅうやく》だけでなく、日本語の原文からの翻訳にも取り組んだ。

「アマリアさんは、わざわざ自宅に印刷できる機械を買って、仏法を学ぶための手刷《てず》りの小冊子《しょうさっし》をつくってくれました。私たちもアマリアさんの家に集まり、ホチキスでとめて何部も配りました」（中島保）。

イタリア創価学会は今、月二回刊の機関誌「イル・ヌオーヴォ・リナッシメント」（新しいルネサンス）と隔月《かくげつ》刊の「ブッディズモ・エ・ソシエタ」（仏法と社会）を発行し、オンラインの朗読機能なども充実している。アマリアたちが手作りで始めた小冊子は、その源流《げんりゅう》にあたる。

アマリアの後輩の一人、ＳＧＩ公認通訳のマルチェラ・モルガンティは、イタリア語、英語、フランス語、日本語に堪能である。一九九四年（平成六年）、池田がボローニャ大学で記念講演を行《おこな》った時に通訳を務め、高い評価を得た。日本の創価大学で二十年以上、イタリア語を教えている。

「私の祖国はボローニャ市から南東に一〇〇キロほど離れた、サンマリノという小さな古い共和国です。生まれたのはリミニというイタリアの町なのですが、サンマリノ人の父の国籍を受け継ぎました」

マルチェラはサンマリノの小学校に通い、高校までイタリアで暮らした。そして学生時代を過ごしたフランスのパリで創価学会とめぐりあう。

＊

六歳からバレエを習ってきた。パリのダンスカンパニーに所属し、プロダンサーとしての人生がスタートした。しかし膝《ひざ》を痛めてしまい、医師からプロの道はあきらめるよう告《つ》げられる。

「当時は二十一歳で、とてもショックでしたが、もともとフランス語や日本語など、異なる文化を学ぶのが好きだったので、新ソルボンヌ大学のフランス国立東洋言語文化学院に入り直しました。一年生の時、ダンサーの友だちから創価学会のことを聞いたのです。将来が見えなくて落ち込んでいる時に、南無妙《なんみょう》法蓮華経《ほうれんげきょう》の題目を知ることができました」

父のジョバンニは見違えるほど元気になった娘を見て喜んだ。

「私の両親はともに医師です。ある時、父は首に腫瘍《しゅよう》ができて、手術しなければならなくなったことがあります。父は医者であるがゆえに医学の限界を知り、絶望していました。私は落ち込む父を励まし、いっしょに題目をあげて父の病魔《びょうま》を克服することができました。今では両親ともに、ＳＧＩのよきサポーターです」

一九八七年（昭和六十二年）に入会したマルチェラは、大学で三年間「日本語漬《づ》け」の日々を過ごす。東京では外資系《がいしけい》銀行の秘書として働いた時期もある。「いろんな人と仏法について語るのが楽しみですが、各国の人々の中で、仏法を理解するのが一番難しいのは日本人かもしれません。日本で弘教《ぐきょう》が実《みの》るのは外国人ばかりです」と笑顔で語る。

九四年（平成六年）、池田はボローニャ大学に招かれ、記念講演に臨《のぞ》む。レオナルド・ダ・ヴィンチの世界観を通して、国際連合の使命を語る斬新《ざんしん》なものだった（「レオナルドの眼と人類の議会——国連の未来についての考察」）。

芸術家であり、エンジニアであり、医学者でもある〝万能の天才〟レオナルド・ダ・ヴィンチ。彼には未完成《みかんせい》に終わった作品が多い。池田はそこに着目し、「未完成の完成」「完成の未完成」を講演のキーワードに据《す》えた。

この十六年前、池田は『私の人物観』というエッセー集を出した（『池田大作全集』第二十一巻）。その中に〈私はレオナルド・ダ・ヴィンチの眼に惹《ひ》かれる〉という一文から始まる「レオナルド・ダ・ヴィンチの眼光」という一篇が収められている。ボローニャでの講演は、長年抱いてきた〝万能の天才〟への思いを込めた平和論になった。

レオナルド・ダ・ヴィンチの自画像
©Super Stoc／アフロ

マルチェラは通訳・翻

訳チームの一員として、イタリア語訳の表現を詰《つ》める作業に携わった。「当時一歳半だった娘の面倒を見ながら、先生のイタリア訪問直前まで電話で日本とやりとりを続けました」。ボローニャ大学での講演に先だって、フィレンツェでＳＧＩのさまざまな行事が組まれている。マルチェラはフィレンツェと自宅を往復しながら準備を手伝い、子育ては母のレナータの助けも借《か》り、目の回るような日々を過ごした。

　講演の前日、ボローニャ入りした池田から一枚の色紙が届いた。

〈偉大なる　歴史を綴《つづ》りし　母なれば　三世の福徳　不滅《ふめつ》なるかな〉
〈御親族の御多幸《たこう》を　祈りつつ〉

　と綴られていた。

「思わず涙がこぼれました。じつは私の両親も、兄も、ボローニャ大学で医学を修《おさ》めました。講演当日は父も会場にいました。『彼のレオナルドのとらえ方は素晴らしい。そして人柄も素晴らしい』と喜んでいました」（マルチェラ・モルガンティ）

　作家の佐藤優は、池田のボローニャ大学での講演について次のように評価している。

〈一人の人間が、世界のすべてを理解し、描《えが》き出すことはできない。ルネサンスの天才たちは、世界のすべてをとらえるという「不可能の可能性」に挑《いど》んだ。それだから、その作品は「未完成の完成」もしくは「完成の未完成」という形を取るのである。

　これに対して、宗教的天才である池田氏は、世界のすべてをとらえ、それを創価学会、ＳＧ

ボローニャ大学で「レオナルドの眼と人類の議会——国連の未来についての考察」と題し記念講演を行う池田（1994年6月）©Seikyo Shimbun

Ｉの活動で表すことができる。その歩みは、完成、すなわちすべての衆生《しゅじょう》の救済《きゅうさい》に向けて、飽《あ》くことなく続けられていくのである〉（『「池田大作 大学講演」を読み解く——世界宗教の条件』潮出版社）。

「根」はどこにあるのか？

講演を終えた池田は、ボローニャの中心街を散策した。目抜《めぬ》き通りの片隅《かたすみ》に、油絵を売っている若い画家がいた。池田に気づいた彼は「センセイ？」と日本語で声をかけた。

池田と妻の香峯子《かねこ》は、同行していた榊勝彦（イタリア創価学会書記長）に「彼もＳＧＩメンバーなの？」と尋ねた。「私が本人に聞いたところ、『ぼくはＳＧＩメンバーではない』と言うんです。『でも、友だちがＳＧＩに入っていて、よく〝センセイ〟の話を聞いている』と」（榊勝彦）。

路上の油絵画家は池田に「センセイ、ぼくの友だちが、ここから二十メートル先のお店で働いている。できれば会ってあげてほしい」と頼んだ。

「先生はすぐ『そうか、行こう』と言われ、若者向けのアクセサリーを扱っているお店に立ち寄られました。そこで働いていた店員が女子部員でした。先生から挨拶《あいさつ》されても最初は何が起

世界最古の総合大学ボローニャ大学を訪れ、ファビオ・ロベルシ=モナコ総長の説明に耳を傾ける池田（1994年6月、ボローニャ）。同大学は1088年に創立され、ダンテ、ペトラルカ、コペルニクスも学んだ ©Seikyo Shimbun

きたのかわからない様子でしたが、次の瞬間、彼女は満面の笑みを浮かべました。もちろん案内役の若い画家も大喜びです」（榊勝彦）

この九四年（平成六年）、池田は初めてボローニャの地を踏《ふ》んだ。しかし、ボローニャに住む多くの学会員にとっては、二度目の出会いだった。

九四年も、二年前の九二年（同四年）も、池田はフィレンツェからミラノへ向かった。その途中、池田を乗せた列車はボローニャ駅に停《と》まっている。

＊

――その日、エマヌエラ・ベルゴンゾーニはベビーカーを押してボローニャ駅に急いでいた（一九九二年七月一日）。娘のサラが、この世に生まれてまだ五十一日目だった。

「これは私たちの宝物です」と一枚の写真を手に語った。「先生が列車の中から、ボローニャ駅に集まった私たちを撮《と》られた写真です。私がプラットホームに着いた時は、先生ご夫妻はすでに電車の中におられました」。

停車時間は四分間だった。エマヌエラたちはプラットホームから、池田と妻の香峯子は車内から、窓越《まどご》しに笑顔で手を振り合い、無言の会話を交わした。

エマヌエラはサラを出産する時、仕事を失っていた。「フリーランスの宝石デザイナーとして働いていたのですが、契約先から解雇《かいこ》されたのです。それを機に大学に進学しました」。

二十一歳で創価学会に入り、夫とともにボローニャで信心に励んできた。

だが、エマヌエラにとっては「大学で学ぶ」ことそのものが大きな壁だった。「私は生まれつきディスレクシアという障害《しょうがい》を抱えており、言葉や数字の順番を間違えてしまうので、大学進学はあきらめていたのです」。

ディスレクシアは日本では「読字《どくじ》障害」や「読み書き障害」ともいわれる。大人になるまで障害に気づかない人も多い。エマヌエラも高校生になって初めて「自分は人と違う」ことに気づいた。

創価学会に入り、知り合いに仏法を語るようになると、御書も読むようになった。婦人部の仲間と学び合ううちに、大学に行きたいという気持ちが芽生《めば》えてきたという。思いがけない失《しつ》

ボローニャからミラノへ向かう駅のホームで、集まったメンバーに声をかける池田（1994年6月、ボローニャ）©Seikyo Shimbun

職《しょく》を機《き》に、決意を固めた。

エマヌエラが進んだのは、ボローニャ大学の中にある美術アカデミアだった。「イタリアには美術アカデミアは二十校ほどあり、ボローニャが最も古いです。卒業までに五年間かかるのですが、大学の卒業と同じ資格を持てます。試験のたびに『もうやめたい』と思いました。そのたびに池田先生のスピーチを読んで、気持ちを奮《ふる》い起こして、学び続けました」。

池田がボローニャ大学で講演した九四年には、〝三十一歳の一年生〟になっていた。エマヌエラは今、自分が卒業したボローニャの美術アカデミアで、宝石デザインの教員として働いている。フィレンツェやラヴェンナのアカデミアでも教え、学会の組織ではボローニャ東本部の副婦人部長を務める。

「学生にデザインを教えながら、自営業も続けています。池田先生がいつもおっしゃるように、『信心は一人前、仕事は三人前』です」。笑顔で語った。

*

ボローニャ北本部で本部長を務めるフランコ・シータも、ボローニャ駅のホームで池田がカメラを構《かま》えた時のことをはっきり覚えている。

「私は九四年にボローニャ駅で先生に会いました。二十人ほどが見送りに集まりました。何よりも印象に残っているのは、先生の『眼』です。先生は私たちのことを、まるで仏のように敬《うやま》っていると感じました。それまで私は、広宣流布《こうせんるふ》というけれど、成《な》し遂《と》げることができるのだろうかと疑問を持っていました。しかしあの日、先生の『眼』を見て、この人は『必ず成し遂げることができる』と確信している、ということが痛いほど伝わってきました」

ボローニャ大学で講演を終えた池田はミラノに移り、ミラノ城（スフォルツァ城）を見学している（六月三日）。

その翌日行われた「ヨーロッパ・アジア交流会議」で、ミラノ城で見てきたばかりの、ある部屋の話をした（六月四日）。

「……ミラノのスフォルツァ城の美術館には、レオナルド・ダ・ヴィンチの描いた天井画《てんじょうが》の部屋もある。

壁面《へきめん》には果樹《かじゅ》の幹《みき》。上に向かって、枝を茂《しげ》らせ、天井で枝とツタがからみ合っている。

私が感心したのは、レオナルドが、樹木の「根」まで描いていることである。
……彼は人体を正確に描くために、人体の解剖《かいぼう》にも熱心に立ちあったといわれている。
壁面に描かれた「根」は、長い間、知られていなかったが、後年、部屋を修復したさいに発見されたという」（『池田大作全集』第八十四巻）

ふだんは見えない「根っこ」まで描かれた天井画の印象を、池田は日本に帰ってからも繰返し語っている。

「……普通、樹木を描いても、根までは描かない」（同第八十七巻）

「見えない「土台」というものを大切にするダ・ヴィンチの心眼《しんがん》に、私は感動した」（一九九九年十月十五日付「聖教新聞」）

ミラノに集まった各国のリーダーを前に、池田はこう続けた。

「『根』は見えない。しかし全体を支えている。

人間にも『根』がある。組織・団体にも『根』がある。社会にも、文明にも、宗教にも『根』がある。

『根』が深ければ、『枝』は茂る。天に向かって、大きく伸びていける。

多くの人々は、目に見える部分にしか注目しない。しかし、私どもは、何ごとも、どこに『根』があるかに着目し、よき『根』を養《やしな》い、育てることに全力を尽くさねばならない」（前掲全集、第八十四巻）

イタリア創価学会は二〇一五年（平成二十七年）、イタリア共和国政府と「インテーサ」と呼ばれる宗教協約《きょうやく》を結び、翌年、正式に発効した。これまでにインテーサを結んだのは十二団体。単独の仏教団体としては、イタリア創価学会が初めてである。

新型コロナウイルスの感染拡大が世界を変えた二〇二〇年（令和二年）、イタリア創価学会会長のアルベルト・アプレアは次のように語っている。

「この危機に立ち向かうには、まず全ての国民の団結と協力が必要です。私たちはイタリア政府の取り組みを援助するため、検討を重ねた結果、インテーサ（宗教協約）に基づき『１０００分の８税』から初めてイタリア創価学会に贈与されることになっている資金を、新型コロナウイルス対策のために全額寄付することを決めました」（二〇二〇年四月十四日付「聖教新聞」）

創価学会に対する信頼の「根」が幹となり、やがて枝を繁《しげ》らせていくまでに発展していった転換点は、どこにあったのか？

取材を重ねると、多くのメンバーが「一九八一年のフィレンツェ」と語った。

第7章 百年の土台を作る——イタリア②

歴史ある石畳《いしだたみ》を歩き、文学を語り、仏法の生命論を語る池田のまわりには、目を輝かせたイタリアの青年たちがいた。

質問会で「題目は質と量とどちらが大切か」と聞かれ、「十万リラのお札は、一万リラよりも質が高い。そのうえで、十万リラ札を数多く持っていれば、いちばんいいわけです」と笑いを誘《さそ》う池田。「質も量も、両方、大事なのです」と。

「誰のためでもなく、その人のために」。池田の強い思いは、カトリックの国イタリアにも確かに息づいていった。

フィレンツェの街角《まちかど》で、池田大作は石造りの壁《かべ》を見上げた。太陽のまぶしい昼下がりだった。視線《しせん》の先に、七〇〇年前、この町で生まれ、この町を追《お》われ、二度と故郷《こきょう》に戻《もど》らなかった男の、険《けわ》しい顔が彫《ほ》り込まれている。

「……深刻《しんこく》な顔をしているね」。同行しているスタッフたちに、静かに語った。「彼が仏界《ぶつかい》の存在を知ったら、どんなにか喜んだだろうと思う」。

その男の名はダンテ・アリギエリ。叙事詩《じょじし》『神曲《しんきょく》』を書いたイタリア最大の詩人である。

一九八一年（昭和五十六年）六月一日。池田は「ダンテの家博物館」に足を運《はこ》んだ。「ドゥオモ」（サンタ・マリア・デル・フィオーレ大聖堂）から南に歩いてすぐの、目立たない場所にある。

フィレンツェ滞在《たいざい》の五日目だった。連日、ＳＧＩ（創価学会インタナショナル）の大きな会合があり、翌日はミラノへ向かう。スケジュールが空《あ》いているのはこの日の午後しかなかったが、博物館はあいにく休館日だった。

池田はエッセー集『続 若き日の読書』に、『神曲』について〈難解《なんかい》ではあったが、人生の道を求めていた私は「どうしても解《わか》りたい」との一心から、それこそ毎晩のように読みかえした憶《おぼ》えがある〉と記《しる》している（『池田大作全集』第二十三巻）。ユゴーの『レ・ミゼラブル』、ホイットマンの『草の葉』などと並び、ダンテの『神曲』もまた池田にとって座右《ざゆう》の書だった。

〈ダンテは「何もかも失《うしな》った男」であった。恋を失い、地位と名声を失い、家族を失い、財産をとられ、故郷もなく、友にも裏切《うらぎ》られ、安住《あんじゅう》の地を見いだせず、彼の真価《しんか》を知る人もいない〉（同全集、第七十七巻）

「ダンテの家博物館」を訪問し、青年時代に親しんだ『神曲』の作者に思いを馳せる池田ら（1981年6月、フィレンツェ）©Seikyo Shimbun

　ダンテはどうやって『神曲』を書き、真実を残したのか。「火の筆《ふで》」といわれ、敵《てき》を震《ふる》え上がらせたダンテの言論はどうやって生まれたのか。これまで池田はSGIの青年部リーダーや創価学園の生徒たちに向けて、繰《く》り返し「ダンテに学べ」と語っている。

「皆さんは、皆さんの国の柱《はしら》です」

「建物の入り口で立ち止まった先生は、ダンテの胸像《きょうぞう》をじっと見つめておられた。あの姿がとても強く印象に残っています」。イタリア創価学会副壮年部長のニッコロ・ウゴリーニが語る。

近くの土産物《みやげもの》屋の店員が池田たちに近づき、足元を指《ゆび》さした。石畳《いしだたみ》にもダンテの横顔が彫られていた。池田はその親切な店員に、

「この家にはダンテの直筆《じきひつ》は遺《のこ》されていますか？」

「フィレンツェの人々は今、ダンテをどう見ていますか？」

「ダンテについて、現在まで言い伝えられていることはありますか？」

と矢継《やつ》ぎ早《ばや》に尋《たず》ねた。くわしく答えられない店員は汗をふいて店に帰り、今度は二冊の本を手に戻ってきた。聞くと「これはダンテを論じた本だ。遠来《えんらい》の客人《きゃくじん》に差し上げる」という。

そのうちの一冊には「ダンテのフィレンツェ追放」の歴史が書かれていた。

池田は店員に礼を伝え、本の表紙を開いた。その場で、

〈ダンテの生誕《せいたん》の家の前にて、一市民より頂いた本なり。一時五十分／その中に　一緒に来た人の　名を後世のために　ここにとどめる〉

と綴《つづ》った。まず池田と妻の香峯子《かねこ》がサインし、その場にいたスタッフたちにその本を回した。

＊

「近年のイタリア創価学会の発展は、一九八一年の先生の訪問が大きなきっかけです」。イタリア創価学会婦人部長のアンナ・コンティが振り返る。「私自身も、八一年に先生と出会った人から日蓮《にちれん》仏法の話を聞いて、八四年に創価学会に入ったのです」。

ＳＧＩ公認通訳の神崎建治は、ミラノ方面の中心者だった父の忠保をはじめ、多くの先輩から当時の話を聞いてきた。

「八一年のイタリア訪問時には、六〇年代、七〇年代の学生運動の失敗から社会に失望《しつぼう》し、日蓮仏法に答えを見いだそうとした人々がたくさん集まったそうです」

「そのなかの一人が先生に質問しました。『どうすれば日本のような大きな組織にできるのか』と。先生はこう答えられました。『地道に、よき市民として、社会に貢献《こうけん》していくことです。今は無名《むめい》でも、いつかあなたたちは国を動かす大きな力になるだろう』と。あれから三十年以上経《た》って、その通りになりました」

サックス奏者のジャンカルロ・マウリーノは、八一年のフィレンツェで池田に会った一人である。「私は一九七七年に創価学会に入り、二年後、神奈川で初めて池田先生に会いました。

先生は第三代会長を辞任された直後で、学会員の前で話すことができない状況でした。私たちは先生と一緒に勤行《ごんぎょう》したのですが、一人の音楽家として先生の『声の響《ひび》き』に驚きました」。

「初めて言葉を交《か》わしたのは八一年のフィレンツェです。先生は夕刻《ゆうこく》の懇談会で私たちに『今日の午後も話しましたが、皆さんは、皆さんの国の柱《はしら》です。力《ちから》の限り学んでください』と言われました。また『五十年後、今日の集まりは歴史に残るものになるでしょう』とも。

　私はまだ二十三歳でした。三十年以上経った今になってようやく、先生の言葉の本当の意味がわかり始めてきたところです」

　フランチェスコ・ジェラチターノはローマで老舗《しにせ》コーヒー豆卸《おろし》会社を営《いとな》む。イタリアコーヒー協会副会長である。イタリア創価学会では副理事長を務《つと》める。ローマ青年部のリーダーの一人として活躍してきた。

「一九九七年（平成九年）、イタリア創価学会の代表が日本に行った時のことです。先生は私たちの顔を見て『皆、八一年の時にいたね』と声をかけられたので、ビックリしました。そしてこう言われたのです。『皆さんをよく覚えています。大事なことは、何があっても、あなたたちが残っていることです』と。

　また、『私はこれまで、たくさんのことを成《な》し遂《と》げてきたし、世界中に友人もたくさんいますが、すべて戸田先生（創価学会第二代会長）のお考えを実現しただけなんだよ』とも言われました」

14年ぶりのイタリア訪問で、ピサ国際空港に到着した池田（1981年5月）
©Seikyo Shimbun

イタリア創価学会は二〇一五年（同二十七年）、イタリア共和国とインテーサ（宗教協約）を結んだ（二〇一六年、正式に発効）。

「太陽の国」イタリア。前章のローマに続き、フィレンツェやミラノで織《お》りなされた池田と弟子たちの日々を追う。

君たちのほうが彼よりも大切だ

「ダンテの家博物館」を訪《おとず》れた日の午後、池田はイタリアの青年や学生メンバーと連れだって、フィレンツェの中心地を散策《さんさく》した。

ドゥオモ広場、ジョットの鐘楼《しょうろう》。シニョーリア広場。カッシーネ公園。ヴェッキオ橋を渡った先にあるボーボリ庭園やベルヴェデーレ要《よう》塞《さい》も回った。

イタリア創価学会副理事長のアンドレア・ボッタイは、池田の歩くスピードに驚いた。「あるメンバーが『なぜ先生はそんなに歩くのが速いのですか』と尋ねました。先生は『ぼくは戦争と戦後の時代を生きてきた。お金もなかったので、移動する時はいつも歩いた。だから今も歩くのが速いんだよ』と。近くにあった野外劇場を見て、『いつの日かイタリアにも大きな会館を建《た》てよう。皆で大きな会合をやろうよ』とも言われました」。

車で三十分ほど揺《ゆ》られ、フィエーゾレの丘へ向かった。フィレンツェの町を一望《いちぼう》できる。広場のバール（喫茶店）でサンドイッチやピザを頼んだ。ピザをほおばる青年たちの中には、創価学会に入ってまだ数年のメンバーもいた。

「人の体は〝小さな宇宙〟なんだよ。両眼《りょうめ》は太陽と月。目が開いたり閉じたりするのは昼と夜。髪《かみ》は星……」

池田は仏法の生命観を通し、私たちが生きているこの宇宙と「人間という小宇宙」は対応していることを語った（体の譬《たと》えは妙楽大師《みょうらくだいし》〈湛然《たんねん》〉の書による）。

ニッコロ・ウゴリーニやステファノ・ニッコリは、池田から「ダンテが『神曲』を書いたのはフィレンツェ追放の前か後か」と質問されたことを覚えている。「『神曲』の地獄篇《じごくへん》は読んだし、もちろん追放後に書かれたことも知っていたのですが、あの時は緊張してしまい、答えが口から出なかった」とステファノは笑う。

フィレンツェで青年と語り合ったひとときをめぐって、池田は綴っている。

〈ダンテは追放され迫害《はくがい》されながら『神曲』を書いた。神曲とは「神聖《しんせい》なる喜劇《きげき》」の意味である。

喜劇と悲劇。「喜びの劇」と「悲しみの劇」の演劇上の違《ちが》いは何か？ それは終幕《しゅうまく》がハッピーエンドならば、途中がどんなに苦悩続きでも「喜劇」なのである。

挫折《ざせつ》続きでも、社会の矛盾《むじゅん》に苦しんだとしても、「最後には私が勝つ。勝つに決まっている！」。そう決めた人が、人生の名優となる〉（二〇〇三年十一月十六日付「聖教新聞」）

＊

フィレンツェ市内で副支部長を務めるステファノ・ニッコリは「池田先生がいなければ現代に日蓮仏法は弘《ひろ》まらなかった。イタリアで活動していてそう感じます」と語る。「八一年の訪問では、『あなたは私のことを偉《えら》い人だと思っているかもしれないが、逆だよ。あなたたちが私にとって大事な人なんだよ』という先生の思いが痛いほど伝わってきました」。

ニッコロ・ウゴリーニも同じ思いを感じている。

「ある部屋にナポレオンの大きな絵が飾《かざ》ってありました。先生は『この人が誰か知っているかい？』と尋ねられました。『彼は歴史に残る指導者だ。しかし、君たちのほうが彼よりも重要です。君たちは平和の指導者なんだよ』と。

私は二十二歳で、そんな自覚はまるでなかった。しかし先生は我々のことを、最初から、心の底から信じてくれていました」

ニッコロはフィレンツェ市街地の目抜き通りで高級紳士服《しんしふく》店「ウゴリーニ」を営んできた。一二〇年前、曾祖父《そうそふ》の時代から続く老舗《しにせ》である。

「信心を始めたのは十九歳でした。社会が乱れ、周りには麻薬《まやく》に手を染《そ》める人も多かった。私は父親との関係の断絶《だんぜつ》に悩んでいました」

ニッコロの両親は、息子が仏法を信じることに反対しなかった。八一年のフィレンツェでは、野外で行われた総会に未入会の家族もたくさん招《まね》かれた。ニッコロの父も池田と握手《あくしゅ》を交わしている。

「先生は私の未入会の父にトインビー対談の英語版を贈りました。表紙を開いたところには〈ご長寿と感謝とご多幸《たこう》を祈りつつ〉と、父に対する献辞《けんじ》が書かれていました」（ニッコロ・ウゴリーニ）

〈感謝〉という一言が、ニッコロの心に残った。

「私が小さいころ、父は仕事ばかりで、母も家にあまりいなかった。姉がいますが、かなり年上で、小さいころの私は孤独でした。ずっと家にいない父に対する怒りをもっていました。しかし、先生の『感謝』という言葉を見て気づいたのです。

私が信心を始めてから三年が経っていました。自宅で座談会を開き、廊下《ろうか》にはよく靴《くつ》があふれました。父はその靴をよけて歩いていました。しかし、一度も『邪魔《じゃま》だ』と怒ったことがなかった。そうした父の広い心に気づいたのです。私は先生の一言の献辞から、家族への『感謝』の心を教わりました」

ニッコロが創価学会に入ったことで、父のフランコにからみ、創価学会を揶揄《やゆ》する知人も出てきた。

「フィレンツェは小さな町ですから、噂《うわさ》が広がるのも早いんです。ある時、父は知り合いから『おまえの息子は釈迦《しゃか》なのか？』『髪でも剃《そ》ったのか？』とからかわれました。父はそういう時でも『この組織は素晴らしいんだよ』と創価学会の思想を語り、先生のことを語り、守ってくれた」

ニッコロの母や姉は、池田がフィレンツェを訪れた数年後、相次《あいつ》いで信心を始めた。父のフランコは学会員ではなかったが、晩年は家族とともに題目《だいもく》を唱《とな》えるようになった。亡くなる直前、ニッコロたちにこう言い残している。「一家が和気《わき》あいあいと暮らせるようになったことに感謝する。名誉よりも、財産よりも、素晴らしい宝だ。池田先生と創価学会のおかげだ」。

「大切なことは『まずは聞くこと』です」

カティア・パラミデッシはフィレンツェのフチェッキオという町で信心を始めた。「一九七七年に夫のマルコが始め、二番目が私です」。

八一年、フィレンツェで行われた懇談会で、マルコとカティアは池田の妻である香峯子と同じテーブルになった。香峯子から「何かお聞きになりたいことがあればどうぞ」と促《うなが》され、カティアは新婚のアドバイスを求めた。「同じ信仰をもった二人が結婚した時、どのような家庭を築《きず》けばいいのかを尋ねました。奥様は『二人が一緒になって広宣流布《こうせんるふ》を実現していくのです』と即答されました。そして『夫婦がこの目的を保《たも》ち続けるなら、家庭の中は必ず幸福になります。和楽になることは間違いありません』とも言われました」。

マルコとカティアが先駆者《せんくしゃ》となったフチェッキオ支部は、かつて入会のきっかけに「家庭の不和《ふわ》」を挙《あ》げる人が七割近くもいる地域だった。

カティアの父、ロリス・バルソティーニは皮革《ひかく》職人だった。同支部を取材した「聖教新聞」の記事には、ロリスが〈かつて娘の極度《きょくど》の反抗《はんこう》に悩んだ〉こと、そしてイタリア創価学会に入った娘が変わっていく姿を目の当たりにして、ロリス自身も信心を始め、やがて地区部長として活躍するようになり、近所から「どうしておたくの家族はそんなに仲がよいのか」と聞かれるようになった様子が描《えが》かれている（一九九二年九月十五日付）。

*

さまざまな理由で離婚《りこん》に至《いた》る場合もある。前述したフランチェスコ・ジェラチターノは「日本の研修会で、先生に離婚についてどうとらえるか質問したことがあります」と述懐《じゅっかい》する。

「先生は、人が幸福になる道として仏法の師弟観、家族観に触《ふ》れたうえで、夫婦が離婚するか

ルネサンス発祥の地、フィレンツェの街並み（1981年、池田が撮影）。レオナルド・ダ・ヴィンチやミケランジェロ、ラファエロら数多くの芸術家や文人たちが、この街を舞台に活躍した ©Seikyo Shimbun

しないかは、どちらがいいとは言えません、と言われました」。

池田は一貫して「最後に幸福になればいいのです」と語ってきた。

「これは本人が決めるしかない。周囲が別《わか》れなさいとか、別れてはいけないとか言う資格もないし、離婚したから信心がないなどと言ってはならない。全部、本人の自由です。離婚しようがしまいが、最後に幸福になればいいのです。人間革命できれば、それでいいのです。

結婚しようがしまいが幸福。子どもがいようがいまいが幸福。これが信心です。幸福は自分の胸中《きょうちゅう》にあるものだから。

人間は一人で生まれ、一人で死んでいく。その一人の『自分自身』を変革しきっていくための今世《こんぜ》です。だから、周囲を『善知識《ぜんちしき》』

にして、一切を仏道修行《ぶつどうしゅぎょう》と思って頑張《がんば》りなさいというのです」（『池田大作全集』第三十一巻）

イタリア創価学会の渉外部長と壮年部書記長を兼任しているロベルト・ミンガンティも、家庭の問題で悩んだ一人である。「父は早くに亡《な》くなり、母は心を病《や》んでいました。私は、母と弟と小さい妹を残して、十八歳で家を飛び出しました」。

イタリア共産党に入り、社会運動に熱中した。離婚も経験した。一九八〇年（昭和五十五年）、現在の妻のマルタ・ボノーモと結婚し、創価学会に入る。そのころは障害者支援の仕事に就《つ》いていた。

八一年のフィレンツェでは、ガーデンパーティーの形式で文化総会が開かれた。ロベルトは数人の仲間とローマ民謡《みんよう》を披露《ひろう》した。得意のアコーディオンを弾《ひ》き、妻のマルタも一緒に歌った。演目が終わり、池田が話し始めた瞬間、「なぜだか泣けて仕方《しかた》なかった」と振り返る。

「話の内容ではないんです。先生はもちろん日本語で話されたのですが、通訳が始まる前に胸がいっぱいになってしまった。おそらく深い次元で、私の生命に何かが触れたのだと思います」

後にロベルトの母は病が癒《い》え、九十三歳の今も穏《おだ》やかに暮らしている。家族の関係も修復できた。「功徳《くどく》を一身に体現しているような母ですよ」とロベルトは微笑《ほほえ》む。

妻のマルタもイタリア創価学会で婦人部副書記長の重責《じゅうせき》を担《にな》い、南イタリア一帯を走っている。

「婦人部で大切なことは『まずは聞くこと』です。そのメンバーがどんな苦悩を抱《かか》えておられるかわかりませんが、自分なりにわかろうと努力することが最も大切だと感じます」

「そして、私たちの人生にとって『師を定《さだ》めること』がどれほど大切なのかを訴《うった》えています。特に私たちの国では、これは簡単なことではありません」

八万五〇〇〇世帯を超える今日のイタリア創価学会も、こうした「一対一」の地道な対話の繰り返しで広がってきた。

一滴《いってき》から大河の流れを

「……最近、妻の手紙を発見したんです。一週間前に初めて読みました」

田村隆男はその便箋《びんせん》を開いた。「一九八一年は、私たちはミラノに住んでいました。これは妻が日本の両親に宛《あ》てて書いたものです」。

隆男は今、東京の文京区で副支部長を務めている。二〇〇九年（平成二十一年）、妻の久美子をがんで失った。長い間しまってあった遺品《いひん》を整理していると、手紙の束《たば》が見つかった。

〈お父様、お母様。今、私は幸せ一杯の気持ちでいます。……（フィレンツェで）池田先生から一言お話があり、「あなたたちは今、五十年先、百年先の土台を作ってくれているんだ」と。

「ともかく、まじめに勉強し、仕事をし、仲良く、尊敬し合い、励《はげ》ましあってがんばって下さ

い」と……〉

手紙に記されていたのは、一九八一年（昭和五十六年）――イタリアに日蓮仏法が渡って二十年の節目を祝う総会の一コマだった。

ローマから八十人、トリノやベルガモ、ジェノヴァなどを含むミラノ支部から一八〇人、地元のフィレンツェは二四〇人……隆男の家族は五年間ミラノで暮らしたが、イタリア全土からこれほど多くの学会員が集まったことは、かつてなかった。シチリア島やサルデーニャ島から駆《か》けつけたメンバーもいた。隆男と久美子は彼らから大きな刺激を受けながら、ミラノでも、日本に帰国してからも、学会活動に励んでいく。

この総会の最後に、池田は「ポー川」の話をした。イタリアで最も長い川である。

――ポー川はアルプスの山の中から始まる。大河の流れもアルプスの一滴《ひとしずく》から始まったのである。私たちの「生命のルネサンス」の運動も、三十年後、五十年後には大河の流れになることを、ここに宣言しておきたい――

池田がこう語った時、イタリアに一つもなかった創価学会の会館が、十一年後には九つに増えることを、誰も想像していなかった。

*

萱岡《かやおか》美津栄は初代ミラノ支部女子部長として〝百年の土台〟づくりに携《たずさ》わった一人である。国立音楽大学の声楽科を卒業し、七六年（同五十一年）、オペラ歌手を志《こころざ》してミラノに渡った。

イタリア広布20周年を記念する友好文化総会で〝未来の宝〟と握手を交わす
（1981年5月、フィレンツェ郊外）©Seikyo Shimbun

「大学三年の時、父が亡くなり、地元の岡山で高校の音楽教師になったのですが、どうしても本場のミラノでオペラを演《えん》じてみたかったのです」

イタリアに行く前、東京での会合の折、池田に挨拶《あいさつ》する機会があった。「『イタリアだね。どんなに苦労しても待っていなさい。必ず行ってあげるよ』と励まされました。また『留学すれば上手になるだろうけど、増上慢《ぞうじょうまん》になってはいけないよ。みんな増上慢になってダメになっている』と戒《いまし》められました」。

美津栄はガエターノ・ドニゼッティ音楽院に在学中、「蝶々《ちょうちょう》夫人」でデビューし、音楽院を首席で卒業するが、最初のカルチャーショックは強烈《きょうれつ》だったという。

「なにしろ下宿《げしゅく》のおばさんが、掃除《そうじ》をしながらオペラのアリア（詠唱《えいしょう》）を朗々と歌っているんです。日本とはまったく文化が違う。逆にファイトがわきました」「音楽院の先生に体力づくりはどのようにしたらいいか尋ねると『一日三〇〇グラムの肉を食べなさい。そして野菜をその三倍食べなさい！』でした。だから歌に捧《ささ》げるような気持ちで食べたわけです」と笑って振り返る。

「ペルージャの大学でイタリア語を学んでいた時、数人のメンバーで開いた初めての座談会に、四十人もの友人が集まった時の喜びは忘れられません。ミラノ支部といっても、当時は『フィレンツェから北』のすべてが範囲。とても広かったです」

六年間、ミラノでオペラ歌手として活躍し、舞台だけでなく、映画やテレビ、ラジオからも声がかかるようになっていた。「八一年、故郷にある岡山大学から『声楽の講師として迎えたい』と要請《ようせい》がありました。岡山で一人暮らしをしていた年老いた母のことも考え、日本に戻ることにしました」。

ミラノを後にしたのは、池田がイタリアを訪れる三カ月前のことだった。池田は、日本に戻った美津栄と会合で再会した時、出版されたばかりの『人生抄』を贈っている。美津栄が本の表紙を開くと、

〈御多幸《ごたこう》の 光の聲《こえ》を 見守りつつ〉

と記されていた。

＊

ミラノ・スカラ座を訪れた池田と妻の香峯子（1981年6月）。民主音楽協会の創立者として池田は文化交流に奔走し、この３カ月後にスカラ座の初来日公演を実現させた ©Seikyo Shimbun

草創期のミラノには音楽の道を選んだ人が多かった。すみこアンフォッソは一九五〇年（昭和二十五年）、東京の板橋で暮らしていた時に母と妹の三人で創価学会に入った。十九歳だった。

武蔵野音楽大学を出て、NHKに歌い手として就職し、国際放送や「歌の花びら」という番組で歌った。「当時、青年部の大きな会合で池田先生が『若い時は海外に行きなさい』とおっしゃるのを聞いて、『行くならスカラ座のあるミラノ』と決めました」。

ミラノで国立の音楽学校を卒業し、旅行やスポーツ関係の編集者であるカルロ・アンフォッソと結婚した。カルロもまたミラノの草創期を支える壮年部リーダーになっていく。「聖教新聞」の取材に「こうした土地柄《とちがら》（カトリックの社会）で仏法を流布《るふ》することは容易ではありませんが、不可能でもありません」と語っている。

八一年に池田を迎《むか》えた際、すみこは数人の婦人部リーダーと、池田の妻の香峯子を囲んで懇談した。

「『信心は、いいお友だちがいないと難しいものです』と言われました。私が東京に頼れる先輩がいることを伝えると、イタリアにいても何かあったら東京のその方と連絡をとるようにと、具体的にアドバイスをいただきました」

この懇談に同席していた田村久美子が両親に宛てた手紙にも、〈信心を始めた新しい人は、まず五年間を目標に〉〈私は四十年信心してきて、この仏法には間違いないと断言できます〉〈日本からイタリアに移り住んだ人は〉この地を第二の故郷と思えるくらいになってください〉という香峯子からの励ましが綴られている。

なぜ創価学会は発展したのか

カルロ・ボルディーニは三十年にわたりローマ歌劇場の楽団員として活躍してきた。「私は一九七六年に信心を始めましたが、イタリアで二〇〇番目の創価学会員だと聞いています」。八一年のフィレンツェで忘れがたい出会いがあった。

イタリア文化会館内の特設会場で開かれた芸術音楽祭に出席し、学会員の歓声に応える池田。この日、池田は「生きている限り、私は『戦う』。使命の行動を、私は『続ける』。この決心が人生の天才、幸福の天才をつくっていく」とスピーチした（1992年6月、フィレンツェ）©Seikyo Shimbun

池田を迎えて行われた勤行会は、二十代、三十代の参加者が多かった（五月三十日）。

「……私が仏法に立ち上がったときは、戸田先生のもとで、わずか十数人の青年しかいなかった。世間から笑われもしました」（一九八一年六月五日付「聖教新聞」）

その場で池田は、師である戸田城聖《じょうせい》との日々を語っている。

「私の入信は十九歳である。病弱であった。兄が四人、戦争にとられ、経済も大変であった。学校は、昼働きながらの夜学であった」

「……学会は今、堂々たる日本一の教団になっています。お金も時間もなかった。しかし一生懸命《いっしょうけんめい》、戸田先生につききってきたのです」

「ただの一日の休みもなく、日本だけでも何百万人という青年を育てあげました。私は世界一の幸せ者です」

カルロは「池田先生は、若い時、学ぶ機会に恵《めぐ》まれなかったことに触れて『学校も夜学です。しかし、どんな学者にも負けないように勉強してきたつもりです』と言われました。世界の指導者と対話を続けてきた先生の姿から、私は『人間革命』について学んだのです」と述懐する。

フィレンツェで勤行会があったこの日――東京の巣鴨では全国男子部幹部会が行われた。集まった三〇〇〇人の前で、池田から届いた電報が読み上げられている。

〈我が愛する男子部諸君のために、世界の道は完全に開いた。仏法は勝負であるがゆえに、断じて勝たねばならない。日本を万事よろしく。……ルネサンス発祥《はっしょう》の地　フィレンツェにて〉

＊

国境を超え、折《おり》に触れ、池田は師である戸田城聖との日々を語り続けてきた。〝フィレンツェの出会い〟から十一年後の一九九二年（平成四年）、フランコ・マルサルディは、北イタリアの責任者として池田をミラノに迎えた。現在はイタリア創価学会副理事長、そして欧州ＳＧＩの副議長を務める。十四歳からの八年間、学生運動に身を投じ、二十二歳で日蓮仏法にめぐりあった。

「七月二日のイタリア代表者会議で、先生から『何か私に聞きたいことはありますか』と尋ねられ、私は二つ質問しました」

一つは、人生を捧げるにふさわしい正しい理想を、どうすれば知ることができるか。もう一つは、その理想を実現するためには、どう生きればいいのか。
「先生は三十分にわたって話されました。まず、正しい理想を知るのは簡単ではないこと。そして目の前の課題に挑んで、毎日、必ず、少しずつでも前へ進むことが大事である、と。
　そして二つ目の質問には、師匠の戸田先生とお二人で過ごされた、最も苦しかった日々を話されたのです。……まるでその苦闘《くとう》の日々こそが、人生最高の日々であったかのように」

　池田が二十二歳の時、戸田城聖は不況《ふきょう》のあおりを受け、事業の失敗による経済難に苦しむ。そして創価学会の理事長を辞任せざるをえなくなる。池田が創価学会に入って四年目のことだった。

　小説『人間革命』第四巻「秋霜《しゅうそう》」の章に、次のような一節がある。

〈戸田城聖がいなかったら、山本伸一（池田をモデルとした人物）という人格の形成はなかったであろう。しかしまた、一九五〇年（昭和二十五年）から翌年の初頭にかけて……山本伸一が戸田の側近《そばちか》くにいなかったとしたら、戸田城聖は、おそらく全くの孤絶《こぜつ》に陥《おちい》ったにちがいない。

　戸田と伸一という師弟がつくった、この期間の秘史《ひし》のなかに、その後の創価学会の、発展と存在との根本的な要因があったといえよう。
　戸田の会長就任以後の飛躍《ひやく》的な学会の前進と、その没後《ぼつご》における急速な躍進《やくしん》も、すべて、その源を尋《たず》ねるならば、ひとえに（日蓮）大聖人《だいしょうにん》の仏法の偉大さによることはもちろんであるが、

この苦難の歳月《さいげつ》の間に、既《すで》に決定的な種子《しゅし》の育成がなされていたといえる〉（聖教ワイド文庫）

　この「根本的な要因」のありかを、池田はイタリアの青年にも伝えようとしていた。九二年にイタリアを訪れた直後、旅を振り返り、青年部に向けて語っている。

「亡くなった松下幸之助さんが言われていたことが、今でも忘れられない。『池田先生、やっぱり、若い時の苦労は、買ってでもせにゃ、あきまへんな～』と。苦労してない人に、どうして民衆の気持ちがわかりますか。どうして、耐《た》えて耐えて大きな仕事ができますか。苦労しらずの人がリーダーになったら、皆がかわいそうだ。私は、学会だけは、そんなふうにしたくないんだ。

　……社会も世界も原理は同じです。一番、苦労している人を大切にするのが指導者の役目なんだ。それがわからない指導者をもったら、民衆は不幸です」（一九九二年八月二十一日付「聖教新聞」）

＊

　池田が戸田との思い出を語った翌日、北イタリアの代表がミラノ会館に集まった。トリノ、ジェノヴァ、パドヴァ、ヴェネツィアなどのメンバーの多くは、初めて池田と会った。

　イタリア創価学会副壮年部長のピエルパオロ・ムッツォロンは、「あの日の会合は、何百人もの人々が集まったにもかかわらず、まるで十人くらいで話しているような親密《しんみつ》な感じでした」と語る。「創価学会の会合とはどうあるべきかを考える時、いつも私が思い出すのは、あ

北イタリア代表の集いで参加者に深く感謝する池田（1992年7月、ミラノ）
©Seikyo Shimbun

の時の先生の質問会なのです」。

池田はこの日、スピーチをしなかった。「私たちは皆、〝家族〟だから、皆さん、ゆったりと、リラックスしていただきたい」「きょうは、予定していたスピーチをやめて、何でも聞きたいことを聞いてもらい、語り合う、『質問会』にしたいと思う。どうだろうか」。

池田がこう言うと歓声《かんせい》が起こり、あちこちから手が挙がった。

権威の支配は貧しく卑《いや》しい

最初の質問者が立とうとすると、池田は「座ったままで」と促《うなが》した。

質問は、日蓮正宗《しょうしゅう》（以下、宗門）との関係についてだった。この前年、宗門は学会に「破《は》門通告書《もんつうこくしょ》」を送りつけていた。「第二次宗門事件」の渦中《かちゅう》である。

ミラノでの質問会の一週間前（六月二十七日）、池田はイタリア青年部の総会で、宗門事件の本質について「権威《けんい》で人を支配し隷従《れいじゅう》させようというのは、その本人自体が貧《まず》しく、卑《いや》しく、不幸な人間なのである」と断じている（『池田大作全集』第八十一巻、以下同じ）。話した会場はフィレンツェ市内のイタリア文化会館である。参加者を見渡し、「十一年前は、（イタリアに会館は）もちろん一つもなかった」とも語った。

八一年と比べ、イタリア創価学会のメンバー数は五十倍になっていた。

新しい人々を前に、池田はレオナルド・ダ・ヴィンチの「最後の言葉」を紹介している（六月二十八日）。

レオナルドは、こまごまとした遺言書を書く前に、「私は続けるだろう」という一言を書き遺《のこ》した。

「……何かの計画であったのか、何らかの仕事のことか、芸術のことか、いずれにしても、彼は死を目前にして、なお『私は続ける』と書いている」

「生きているかぎり、私は『戦う』。使命の行動を、私は『続ける』。この決心が、人生の天才、幸福の天才をつくっていく。正義、健康、勝利、幸福、和楽、栄光——すべて、この『私は続ける』という一言の中に凝縮《ぎょうしゅく》されている」

婦人部のパオラ・ピステルツイは、「本会場ではなく同時中継の会場で参加しました。あの時の、最後の最後まで続けよ、挑戦せよ、という先生の言葉が、今でも苦しい時の支えになっています」と語る。

＊

ミラノで質問したメンバーは、これまで「（宗門の）法主《ほっす》を批判《ひはん》してはいけない」と言われてきたことについて質問した。――日興《にっこう》上人（日蓮の直弟子）は「時の法主といえども、仏法と異《こと》なる自分勝手な教義《きょうぎ》を言い出したら、用《もち》いてはならない」と言われている。何を基準にすればよいのか――それが疑問だった。

池田は「『（日蓮）大聖人よりも自分が偉い』とか（笑い）、『御書《ごしょ》よりも法主に従《したが》え』とか（爆笑）、自分のわがままをきかないと大御本尊《ごほんぞん》を拝ませないとか、それではもはや正しき法主とは言えるはずがない（拍手）」と語った。

そして「基準は、どこまでも日蓮大聖人です。すなわち『御本尊』と『御書』が根本です。ＳＧＩは、過去も、現在も、未来も、永遠に『御本尊根本』『御書根本』の正道《せいどう》を行く」――こう明言している。

次に手を挙げた女性は、題目を唱える「姿勢」と、唱える「量」と、どちらが大事なのかと尋ねた。「質」か「量」か――婦人部で集まると、よく話題になるという。

「十万リラ（イタリアの通貨）のお札《さつ》は、一万リラのお札よりも、質が高い。十万リラ札のほうが良いのは当然です」

池田はこう切り出し、まず「真剣な、確信ある唱題《しょうだい》が大事です」と結論を言った。「そのうえで、十万リラ札を、数多く持っていれば、いちばんいいわけです（爆笑）。質も、量も、両方、大事なのです」。

通訳スタッフとして参加していた木村朋子は「母と子」の譬喩《ひゆ》が印象に残っている。「先生は、御本尊には何を願ってもいい、たとえば子どもが『どうしてもほしい』とだだをこねて、テコでも動かず、最後には親が根負《こんま》けするように、どこまでも信心を貫いていくことだ、とわかりやすく話されました」。

池田は〈そもそも信心とは特別なものではないのです〉という日蓮の手紙（妙一尼《みょういちあま》御前御返事、趣意、御書一二五五㌻）を引き、「ありのままの自分でよいのです」「祈りが通じるには、ありのままの自分で、子どもが『お母さーん』と親に抱きついていくような気持ちで、ぶつかっていくことです」と語った。

「勤行《ごんぎょう》の時、経文《きょうもん》の意味がわからない。それでも功徳はあるのか」という質問には、まず「経文の本当の意味をわかって読誦《どくじゅ》している人は、ほとんどいません（爆笑）」と答えた。

「イタリア語は、日本人にはわかりません。しかし、イタリア人には通じる。また、イタリア語をわからない外国人でも、そのまま正しく発音すれば相手には通じる。恋人同士なら目だけで通じるかもしれないが（笑い）」と続け、本題に入った。

「それに似《に》て、仏の世界に通じる〝言葉〟があります。たとえ、その意味を知らなくても、その〝言葉〟は、仏《ぶつ》・菩薩《ぼさつ》の世界にきちんと通じ、届いている。それが『南無妙法蓮華経《なんみょうほうれんげきょう》』の題目です。勤行で読誦している経文も、そうなのです」

また、創価学会が鳩摩羅什《くまらじゅう》の訳した「法華経《ほけきょう》」を用いているのは「現在までのところ、最もすばらしく、最も法華経の心を伝えているものだから」であり、日蓮も同じ翻訳《ほんやく》を使っていたことを話した。

「もし羅什の訳を超える法華経の翻訳が、将来、世に出ることがあるならば、それを用いても、かまわないと思うと、戸田先生も言われていました」

「まず自分が一番苦手だった地域から回りました」

「どのように祈れば勇気をもって生きていけるのか」と質問したのは、イタリア北東部のヴェネトで方面婦人部長を務めるマティルデ・モンテレオーネである。「当時、私は支部婦人部長でした。ちょうど職場の人間関係で悩んでいたのです。難しい問題は避《さ》けて、いつも先送りにしてしまう癖《くせ》がありました」と振り返る。

マティルデが話し終えると、池田は間髪《かんはつ》を入れず「男性より女性のほうが、ずっと勇気があると思っておりますので、それは、こちらからお聞きしたいくらいです（爆笑、拍手）」と応じた。

「たとえ一遍《いっぺん》の題目でも、全宇宙に通じます。いわんや『心』『一念』をこめた題目は、一切を揺り動かしていく。一般的にも、同じ『愛しています』という言葉でも、心がこもっているか、口先だけかでは、全然ちがう（笑い）」

数え切れないほど語ってきた「信仰の基本」を、池田はミラノの地でも、かんで含めるように教えた。

「何事においても、初めから〝達人《たつじん》〟にはなれません」「信心も同じです。自分に負けて、決意がうすれていく場合もある。思いどおりにいかず、あせる場合もある。けれども、ともかく唱題し続けていく。願いが叶《かな》おうが、すぐには叶うまいが、疑うことなく、題目を唱えぬいていく。

そうやって信心を持続した人は、最後には必ず、自分自身にとって、〝これが一番良かったのだ〟という、価値ある『最高の道』『最高の峰《みね》』に到達できる。すべてが喜びであり、使命であると言いきれる、『所願満足《しょがんまんぞく》の人生』を築くことができる」

＊

「一九九二年のイタリア訪問では、快活《かいかつ》に振《ふ》る舞《ま》われる先生のほうが、イタリア人よりもイタリア人らしく見えました。と同時に、まわりの人々にとても配慮《はいりょ》しておられることを感じました」。イタリア創価学会の会長を務めるアルベルト・アプレアが語る。

フィレンツェ駅からミラノに向かう出発の間際まで、見送る学会員たちにVサインで励ましを贈る池田と妻の香峯子（1992年7月、フィレンツェ）

「私は二十一歳で信心を始めるまでは、幸せを『外』に求めていました。だから『外』の条件に支配されていました。心配なことがあれば、その『心配事の奴隷《どれい》』になってしまいます。八〇年代にフランスやイタリアで先生と出会って、喜びは自分自身の内に探し求めるものなのだとわかりました」

ポポラーレ銀行で働くアルベルトは、二〇一三年にイタリア創価学会の壮年部長に就いた。「リーダーが一人ひとりに直接会うこと」を徹底してきたという。「特に大切なのは『全国幹部から動く』ことです。それぞれの州のリーダーと相談して一緒に回るのです。私も北はトレンティーノから南はシチリア島の果《は》てまで回りますが、まず自分が一番苦手だった地域から始めました」。

家を訪れて悩みを聞くと「直接来てくれて、

話を聞いてくれた」ということに感謝し、涙を流す人が何人かいた。「皆、七十代の方でした。人によっては『偉い人が来るから』と緊張している場合もあります。彼らに『これが創価学会の世界だ』と伝え、メンバーを守っていきたい。先生が私たちにそうされたように。私は、先生から受けた恩《おん》に応《こた》えようと思わなくなった瞬間、自分が敗北するのだと思っています」。

＊

フィレンツェにイタリア文化会館が誕生した時、ジャンルーカ・デッポーリトはイタリア創価班（会合などを運営する男子部のグループ）の委員長だった。

「イタリア文化会館は何百年も前からあった建物を改修《かいしゅう》したものです。毎週末、作業を手伝うためにイタリア各地からメンバーが集まって、会館のペンキ塗《ぬ》りや庭の整備をしました」

ジャンルーカは十九歳で信心を始め、今はアメリカ・マイアミ大学の准《じゅん》教授としてバイオ工学などを教えている。

「先生がフロリダ自然文化センターに初めて来られた時、先生は行事の手伝いをしていた私を見て『あなたとはフィレンツェで会ったことを覚えている。どうしてマイアミにいるの？』と声をかけられたのです」

ジャンルーカは、小さいころから「アメリカで医学を研究する」のが夢だったこと、その夢を叶えられたことを話した。

「先生が覚えておられたのはミケランジェロ広場での出来事です。一九九四年（平成六年）の訪問の折、先生ご夫妻はフィレンツェのミケランジェロ広場を散策されました。その日はとても暑く、先生はそばにいた私に『日差しが強いから』と、わざわざお土産店で麦わら帽子《ぼうし》を買って、かぶせてくれたのです」

この九四年のフィレンツェでも、九二年に続き、池田は「リーダーのあり方」について語っている。

「学会は『人間革命の団体』であるゆえに、その幹部は、だれよりも真剣に『自分自身の人間革命』に取り組まなければならない。

人ではない、自分である。リーダーが人間革命した分だけ、地域の広宣流布《こうせんるふ》は進む」（一九九四年五月二十九日付「聖教新聞」）

学会の真実はここにある

ミラノにヨーロッパ各国の代表が集まった場では、戸田城聖の言葉を紹介した。

「戸田先生は、こう話されていた。

『わたくしの望《のぞ》むことは、どうか早く、みなさんが金持ちになってもらいたいことである。一家じょうぶであってほしい。

「先生、わたくしはこんなに良くなった」といわれるときのうれしさ。「悪い」といわれるときは、胸をえぐられるような気がする』と。（一九五三年〈昭和二十八年〉五月三日、創価学会第八回総会）

常に、会員の幸せのみを願う先生であられた。私の願いも、先生と、まったく同じである。学会のためでもない。組織のためでも、だれのためでもない。ただ、その人の幸せのために、民衆の幸福のために――学会の真実は、ここにある。学会の強さも、ここにある」（一九九四年六月五日付「聖教新聞」）

長年、ミラノ方面の中心者だった神崎忠保は、ある地区部長と一壮年部員のやりとりを手記に綴っている。

〈ベルガモ市の地区部長と一緒に、ベニス（ヴェネツィア）方面へ五十キロ行ったブレッシャ市の御夫婦を訪問した。玄関を入ると作業場があり、木工道具と、一揃《ひとそろ》いの木片《もくへん》が見られた〉

何を作っているのか尋ねると、壮年は照《て》れながら話してくれた。「じつは常日頃《つねひごろ》、ここまで通って来てくれる地区部長の真心《まごころ》にどうしても応えたかったので、手作りの仏壇《ぶつだん》を贈ろうと思い、会社が退《ひ》けた後、夜、内緒《ないしょ》で作っていたんです」。

懇談を終えてベルガモに戻る道中、〈地区部長が「何ものにも代えられない素晴らしい贈り物です」と喜ぶ言葉を、私は満天の星を仰《あお》ぎながら味わった〉。

日蓮はある門下に宛てて〈釈尊《しゃくそん》がこの世に現れた本当の目的は、「人としての振る舞い」に

イタリア共和国首相のレンツィ（左）とイタリア創価学会理事長の中島保の間で、インテーサの調印文書にサインが交わされた（2015年6月、フィレンツェ）

ある〉と記した（崇峻天皇《すしゅんてんのう》御書、趣意、御書一一七四ページ）。「誰のためでもなく、その人のために」という池田の強い思いは、半世紀をかけて、国境の壁、文化の壁、言葉の壁を超えて息づいていった。人口の約九割がカトリックのイタリアでも実を結びつつある。その一つの結晶《けっしょう》が、イタリア共和国と結んだ「インテーサ」（宗教協約）だった。

＊

社会学者のアントニオ・ラ・スピーナは二〇一三年（平成二十五年）、池田の半生を紹介するイタリア語の評伝《ひょうでん》を出版した（『池田大作――人類の未来のためのアイデア』）。一七年（同二十九年）の三月、池田にフィレンツェ市の名誉市民称号が贈られた際には式典で挨拶《あいさつ》に立った。現在はローマのルイス・グイド・カルリ大学政治学部で教授を務めている。

「イタリアにおけるインテーサの意義は『（カトリック以外の）少数派を認める』ということです。創価学会には大きな社会的意義があるということを、イタリアは国家として認めたわけです」と語る。

「創価学会は『社会参加型』の宗教です。牧口初代会長と戸田第二代会長の時代から、大変な苦労をともなって、『人間主義』と『反軍国《はんぐんこく》主義』という、時代の流れに逆行する道を選んできました。現在は聖職者《せいしょくしゃ》がいないという点も特徴《とくちょう》の一つです」

「インテーサにはいくつかの条項《じょうこう》がありますが、創価学会はインテーサが発効する前から自分の使命を果たしてきたし、これからも使命を果たしていくでしょう」

＊

かつてローマ教皇《きょうこう》と池田が会見する予定が組まれた。当時の教皇は、カトリックの歴史上初めて飛行機に乗り、初めて五大陸を回り、「旅する教皇」と呼ばれ親《した》しまれたパウロ六世だった。

現在、創価学会会長を務める原田稔はその交渉に携わった一人である。「ローマ教皇庁から招請《しょうせい》があったのは、昭和五十年の初めでした」と振り返る。

「創価学会とローマ教皇庁との交流は、その八年前には始まっていました。昭和四十二年、バチカン市国の駐日大使だったベステンベルク大司教が学会本部を訪れ、池田先生と会見しています」

第１回イタリア青年部総会に出席し、若きメンバーを激励。総会で池田は、「皆さまは一生涯、朗々と妙法を唱えながら、伸び伸びと、わが友に、わが家族に、そしてわが国土に、希望と勇気を贈っていただきたい」と語った（1992年6月、フィレンツェ）©Seikyo Shimbun

「ローマ教皇との会見予定があることを学会から宗門に伝えたのは五十年の二月です。しかし宗門は、三月になってから難色《なんしよく》を示した。すでに会見の準備は進んでいました。先生は『宗門が反対するなら、やむをえない』と言われ、五月に予定されていた会見は中止になりました」

原田は二〇一六年（平成二十八年）一月、欧州訪問団の責任者として、フィレンツェやミラノで行われたいくつもの行事に出席した。行く先々で驚いたという。

「一例をあげれば、フィレンツェのドゥオモ広場から市庁舎《しちようしや》に向かって歩いた時、わずか五〇〇メートルほどの距離だったのですが、次々にイタリア創価学会のメンバーから声をかけられたのです」

「広場では、観光客用の馬車の御者《ぎよしや》が私た

ちに気づき、遠方から大きく手を振って挨拶《あいさつ》してくれました。彼も学会員でした。自転車ですれ違った若い男子部員とは握手を交わしました。途中にあった紳士服ブティックのオーナーご夫妻もまた学会員でした。

ミラノでも同じような出会いがありました。池田先生は一貫して宗教間対話を重んじてこられましたが、宗門はあらゆる機会に難癖《なんくせ》をつけて邪魔しようとしてきた。どちらの道が正しかったのか。答えは明らかになったのではないでしょうか」

＊

二〇〇一年（平成十三年）五月、イタリアの「パルチザン協会」が創価学会の牧口常三郎、戸田城聖、池田大作の三人を称える「平和の盾《たて》」を池田に贈った。

パルチザンは〝非正規《ひせいき》の兵士の集団〟である。イタリアでは第二次世界大戦でファシズムに抵抗し、ナチスと戦った誇りをもつ。

盾の授与式に合わせ、「忘れないための教育を」と題する講演会が行われた。十代のころ、抵抗運動に参加した女性が「ポケットに抵抗の歌の歌詞を持っていただけで、友だちが処刑《しょけい》された悲しみ」を語った。

当時、彼女たちは危険の中、級友たちと集まって「今、自分に何ができるか」を話し合った。解放《かいほう》の日、町中の人と抱《だ》き合って喜んだという。

同協会ヴァラッロ分会のラーゴ会長は池田に宛てて、次のような書簡を送っている。

第18回ＳＧＩ総会を祝賀するティー・パーティー・フェスティバルに出席。参加者たちの合唱や演奏、ダンスを称えて三色旗を振る池田と香峯子（1994年6月、ロンドン近郊）©Seikyo Shimbun

〈……ちょうど同じころ、遠く海を隔《へだ》てた地で、牧口常三郎と戸田城聖の二人は、孤立した戦いにさらされていました。しかし二人は、高価な代償《だいしょう》を払いつつも、不屈《ふくつ》の戦いを貫きました〉

パルチザン協会から池田に贈られた盾には、牧口、戸田、池田の三人の名前の下に、イタリア語でこう刻まれている。

〈殉難《じゅんなん》の兄弟たちよ、
我らは、海を越えて、
「理想」という橋で結ばれている。
「生命のための闘《たたか》い」の同志たちよ、
我らの共通の信念は、
大地より湧《わ》き出ずる。
「もう一度、
やり直すことになろうとも、

我らは、あの時と
同じ道を歩むであろう」と〉

＊

これまでドイツを皮切《かわき》りに、ヨーロッパの十数カ国で生き抜いてきた「先駆者たち」の物語を追ってきた。

彼らはそれぞれの言語で池田の歩みを学んでいる。そのなかには一九五六年（昭和三十一年）の「大阪の戦い」、そして翌年に起きた「大阪事件」の歴史がある（『民衆こそ王者』に学ぶ　常勝関西の源流』に詳述）。

現在は海外のＳＧＩメンバーにも広く知られるようになったこれらの史実《しじつ》を通して、池田は「師弟の道」と「師弟不二《ふに》の道」の違いについて述べている。

……戸田城聖が、長年、手塩《てしお》にかけた弟子たちは、全国に散《ち》って活動した。

この活動のなかで、広宣流布の実践における師弟の関係を、単なる師弟の道ととるか、師弟不二の道ととるかが、初めてあらわにされたと見なければならない。

……師の意図が、脈動《みゃくどう》となって弟子の五体をめぐり、それが自発能動《じはつのうどう》の実践の姿をとる時、初めて師弟不二の道を、かろうじて全《まっと》うすることができる。師弟に通い合う生命の脈動こそ、不二たらしめる原動力である。

そのためには、師の意図《いと》の脈動が、何を根源《こんげん》としているかを深く理解し、自らの血管にたぎらせていく、困難《こんなん》にして強盛《ごうじょう》な信仰の深化《しんか》を必要とする。その師弟の本源《ほんげん》の力《ちから》は、言うまでもなく御本尊《ごほんぞん》に帰着《きちゃく》する。

まさに山本伸一（池田をモデルとした人物）が、この大阪での活動に先立って、一念に課《か》した億劫《おくごう》の辛労《しんろう》は、その困難さを、避《さ》けることなく乗り越える作業であった。それによって、師弟一体の実践の姿を現したのである。

多くの弟子たちは、その困難さを避ける。

師の意図に背《そむ》く考えは、さらさらないものの、師の意図を、ただ教条的《きょうじょうてき》にしか理解しない。

そこで、厳しい現実に直面すると、周章狼狽《しゅうしょうろうばい》して、師の意図を、ただ言葉だけで機械的に同志に押し付けて事足《ことた》れりとする。あるいは、直面した現実を特殊《とくしゅ》な事態《じたい》ととらえ、信心という根本を忘れ、浅薄《せんぱく》な世間智《せけんち》を働かせて現実に対応しようと焦《あせ》る。ここに至《いた》って、師弟の脈動が断《た》たれていることに気がつかない。

師の考えるところと、弟子が懸命《けんめい》に考えることとが合一《ごういつ》する時、信仰の奔流《ほんりゅう》は偉大なる脈動となってほとばしる。

師の言葉を教条的に理解し、ただ追従《ついじゅう》することは、弟子にとって極《きわ》めて容易《ようい》なことだ。

師の言葉から、師の意図を知り、さらに、その根源にまで迫って、その同じ根源を師と共に分かち合う弟子の一念は、まことに、まれだといわなければならない。しかし、このまれなる一念の獲得《かくとく》にこそ、師弟不二の道の一切が、かかっているのである。（第二版『人間革命』第十巻「脈動」の章、聖教ワイド文庫一三〇―一三一ページ）

師と弟子を貫く「まれなる一念」をつかみ、「不二の道」を歩もうとする人々の物語。その苦楽《くらく》の舞台は国境を超えて広がっている。

初出　月刊『潮』

先駆者たち――ヨーロッパ篇（25）（二〇一八年六月号）
先駆者たち――ヨーロッパ篇（26）（二〇一八年七月号）
先駆者たち――ヨーロッパ篇（27）（二〇一八年八月号）
先駆者たち――ヨーロッパ篇（28）（二〇一八年十月号）
先駆者たち――ヨーロッパ篇（29）（二〇一八年十一月号）
先駆者たち――ヨーロッパ篇（17）（二〇一七年九月号）
先駆者たち――ヨーロッパ篇（18）（二〇一七年十月号）

単行本化にあたり、全編にわたって修正・加筆しました（一部、敬称を略しました）。

文中の年齢、肩書き等は原則として連載時のものです。また、引用文中のルビは編集部によるものです。

民衆こそ王者　池田大作とその時代 15
「先駆者たち――イギリス・イタリア」篇

2021年5月3日　初版発行

著　者　「池田大作とその時代」編纂委員会
発行者　南　晋三
発行所　株式会社　潮出版社
〒102-8110　東京都千代田区一番町6 一番町SQUARE
電話　03-3230-0781（編集部）
　　　03-3230-0741（営業部）
振替　00150-5-61090
印刷・製本　大日本印刷株式会社

Printed in Japan　ISBN978-4-267-02155-8　C0095

[http://www.usio.co.jp]